위대한 유산 우즈베키스탄

위대한 유산 우즈베키스탄

Legacy of Uzbekistan

계명대학교 실크로드 중앙아시아연구원

청아출판사

우즈베키스탄의 자연

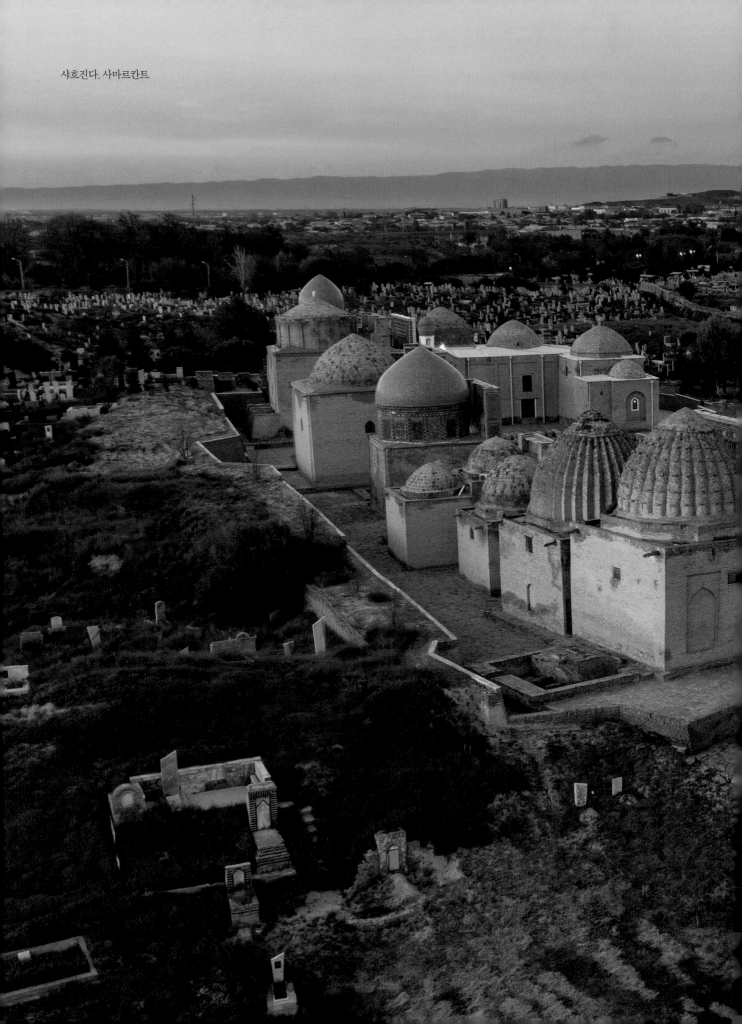

샤흐진다. 사마르칸트

위대한 유산 우즈베키스탄

우즈베키스탄은 비행기로 7~8시간이면 갈 수 있는 거리입니다. 그러나 이 거리는 1992년에 한국과 우즈베키스탄의 공식 수교가 이루어진 후에야 현실이 되었습니다. 그 이전에는 우즈베키스탄이라는 곳이 우리에게는 아득히 먼 곳이었습니다. 험준한 산악 고원을 넘고 죽음의 사막 지대를 건너야 겨우 다다를 수 있는 세상의 끝이었고, 우리의 옛 이야기에서는 가끔 '서천서역국'(西天西域國)으로 불려지는 신화적 공간의 일부였을 뿐이었습니다.

실제로 우즈베키스탄은 지난 2500년간 중앙아시아 지역을 중심으로 수많은 유목민들이 거쳐가며 흥망성쇠를 거듭했던 곳입니다. 따라서 그들의 역사를 단순히 영토를 중심으로, 혹은 특정 시대를 중심으로 설명하기가 어렵습니다. 정주민 중심의 역사관으로는 접근이 불가능한 일입니다. 그들은 선사시대부터 수많은 고고학적 흔적들을 남겼고, 동서를 연결시켰던 실크로드의 흔적을 고스란히 간직하고 있습니다. 그들은 단순히 장사꾼이 아니었습니다. 종교와 사상을 전하고 문화적 융합을 통해 인류 문명사에 커다란 획을 그었습니다. 더구나 그들의 역사를 통해 우리의 역사를 다른 시각으로 읽을 수 있게 했습니다.

이 책은 계명대학교 〈실크로드 중앙아시아연구원〉이 그 신화적 공간에 발을 내디딘 보고서입니다. 『위대한 유산 페르시아』(2020), 『위대한 유산 아나톨리아』(2021)에 이어 계명대학교 실크로드 중앙아시아연구원이 '위대한 유산 시리즈'

세 번째 책으로 이 책을 펴내게 된 것입니다. 마침 이 책의 출판으로 우즈베키스탄과의 수교 30주년을 기념하게 되어 더욱 기쁩니다. 30년간의 교류는 어쩌면 지난 3000년간에 이루어졌던 교류보다 더 활발했는지도 모릅니다. 실제로 그 어느 때보다 많은 우즈베키스탄인들이 한국 땅을 찾아왔고, 그 어느 때 보다 많은 한국인들이 우즈베키스탄을 찾기도 했습니다. 앞으로도 양국 간에는 문명사적인 유대를 더욱 돈독히 하는 교류가 이루어지리라 믿습니다.

글을 쓴 실크로드 중앙아시아연구원장 김중순 교수님께 감사를 드립니다. 우즈베키스탄 문명에 대한 그의 통찰력은 이 미지의 땅을 금세 우리의 친근한 이웃으로 만들어 주고 있습니다. 귀한 사진을 제공한 박창모 선생님께도 감사드립니다. 한여름 무거운 카메라 장비를 메고 구석구석을 다니며 찍은 유적 사진들은 또 하나의 예술 작품입니다. 이러한 연구와 출판이 가능하도록 물심양면으로 도움을 주신 이철우 경상북도지사님께 특별한 존경과 감사의 인사를 드립니다. 실크로드에 대한 그의 지속적인 관심은 오로지 경상북도를 축으로 삼고 글로벌 문명사의 시대정신을 꿰뚫고 있는 혜안 때문이라고 믿습니다.

이 방대한 책이 이처럼 멋진 모습을 갖추게 된 것은 청아출판사의 도움이 컸습니다. 이 책이 우즈베키스탄을 넘어 실크로드와 중앙아시아에 대한 관심을 불러일으키는 데 밑거름이 될 수 있다면 더할 나위 없이 기쁘겠습니다.

2022년 12월 15일

계명대학교 총장　신 일 희

Legacy of Uzbekistan

Uzbekistan is a land that can be reached by air-route within about 7~8hrs from Korea. However, this distance became a reality only after the official establishment of diplomatic relations between Korea and Uzbekistan in 1992. Prior to this, to us, Uzbekistan was a land far, far away – a place at the end of the world that could only be reached by crossing rugged mountain plateaus and crossing the deathly hot desert. To us, for the longest time, Uzbekistan was part of a mythical space sometimes referred to in our old folktales and legends as 'Kingdom of Western Territories Under Western Heavens'(西天西域國).

In reality, Uzbekistan has continued to rise and fall over the past 2,500 years as the footsteps of numerous nomads have passed through Central Asia.; it is impossible to access this history from the viewpoint of the inhabitants. They have left numerous archaeological traces since prehistoric times, and retain the traces of the Silk Road that connected east and west. In addition to trades, these connections and exchanges have made a huge mark in the history of human civilization through the spread of religion, ideology and cultural fusion. Moreover, their history allowed us to read our history from a different perspective.

This book is a report of ACADEMIA VIA SERICA stepping into that mythical space. Following *Legacy of Persia*(2020) and *Legacy of Anatolia*(2021), ACADEMIA VIA SERICA is publishing this book as the third of the 'Legacy Series'. I am more than happy to celebrate the 30th anniversary of diplomatic relations with Uzbekistan with the publication of this book. The 30 years of exchange have probably been more active than the last 3,000 years. In fact, more Uzbeks visit Korea than ever before, and more Koreans than ever visit Uzbekistan. I believe that exchanges will further strengthen the ties between the two countries in the history of civilization.

My gratitude goes to Professor Kim Tschung-Sun, Director of ACADEMIA VIA SERICA, who spearheaded the process of the research and publication in its entirety. His insight into Uzbekistan's civilization will soon turn this distant land into our friendly neighborhood. I would also like to thank Mr. Park Chang-mo for providing such precious photos. Capturing past images of an ancient civilization while carrying heavy camera equipments in midsummer is indeed another work of art in itself.

I would like to express my profound sense of gratitude to Mr. Lee Cheol-woo, the Governor of Gyeonsangbuk-do, for his material and moral support for the research and publication of this project. I believe his continued interest in the Silk Roads comes from his deep understanding of the culture of Gyeongsangbuk-do in conjunction with the global history of human civilization.

The design of this voluminous tome is owed to Chung-A Publications. I would be delighted if this book were the impetus for deeper interest and research in the Silk Roads and Central Asia beyond Uzbekhistan.

December 15, 2022

Synn Ilhi, President of Keimyung University

Contents

카라칼팍스탄 자치공화국

나보이주

호레즘주

아프가니스탄

투르크메니스탄

부하라주

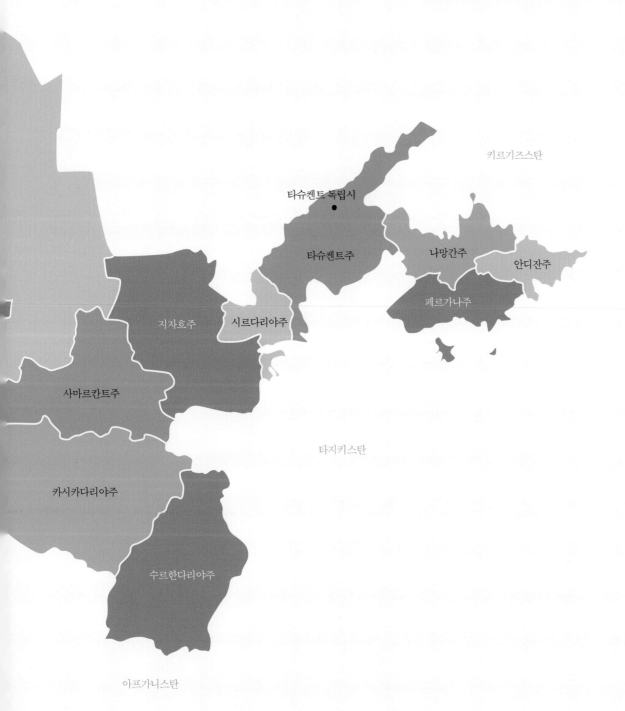

카자흐스탄

키르기스스탄

타슈켄트 독립시

타슈켄트주

나망간주

안디잔주

페르가나주

지자흐주

시르다리야주

사마르칸트주

타지키스탄

카시카다리야주

수르한다리야주

아프가니스탄

제1장

우즈베키스탄의
역사

우즈베키스탄(Republic of Uzbekistan)은 중앙아시아 중부에 동서로 길게 자리잡아 다섯 나라와 국경을 접하고 있다. 국토는 한반도 면적의 약 두 배 크기이고 인구는 약 3,400만 명으로 125개 민족이 공존하는 다민족국가이다. 언어는 19세기 이래 러시아어를 공용어로 사용하다가 구소련 해체에 따라 다시 우즈벡어를 공용어로 채택했지만, 러시아어는 여전히 유효하다.

우즈베키스탄은 북위 37도에서 45도 사이에 위치하고 있어 위도상으로는 북한의 위치와 비슷하다. 여름은 섭씨 40°를 오르내려도 습기가 없어 오히려 견딜만하다. 겨울은 북쪽이 평균 -23°나 되어 북서쪽에서 불어오는 시베리아의 찬바람을 만나면 체감온도는 훨씬 낮다. 남쪽은 온난한 바람이 불어와 +5°까지 오르고 온난한 공기가 부딪혀 거센 먼지 바람을 일으킬 때도 있다.

우즈베키스탄의 자연지리는 무엇보다 천산산맥이 중심이다. 중앙아시아와 중국 사이에 자리 잡은 천산산맥은 카자흐스탄, 키르기즈스탄, 타지키스탄의 파미르 고원까지 남북 200km로 길게 뻗어 있어 저절로 국경이 되고 있다. 이 천산산맥이 걸쳐있는 우즈베키스탄 동부 지역은 해발 2500m에 이르는 고산지대이다. 그러나 아랄해를 지나 카스피해가 있는 서쪽은 저지대나 평지를 이루고 있다. 남쪽과 동쪽에 기름진 오아시스와 높은 산맥이 있지만 국토의 거의 4/5는 햇볕에 말라붙은 평평한 저지대이다. 저지대는 중부와 서부에 있으며 남쪽으로 갈수록 키질쿰(Kyzylkum) 사막으로 바뀌고 서쪽으로 향하면 우스튜르트(Ustyurt) 고원과 이어진다.

봄이 되면 겨울 동안 쌓였던 눈이 녹아 아무다리야(Amu Darya)강과 시르다리야(Syr Darya)강을 만들어 동쪽에서 서쪽으로 흐른다. 동서를 관통하는 이 두 강은 우즈베키스탄을 먹여 살리는 생명의 젖줄이다. 우즈베키스탄의 역사와 문화는 이 두 강 사이에 형성된 삼각주 지역에서 시작되었다. 우즈베키스탄 전체 면적의 1/4에 달하는 이 지역은 산맥과 그것을 따라 흐르는 강의 계곡이 전형적이다. 그 남동부에 있는 제라프샨(Zeravshan)강 계곡에는 우즈베키스탄 고대 문화의 중심지로서 부하라, 사마르칸트 등의 역사적인 도시들이 있다. 따라서 우즈베키스탄의 역사와 문화적 토양은 강과 함께한 '강변 문화'였다고 할 수 있다.

이곳은 중앙아시아에서 유일하게 농경과 정착 문명이 발달되었던 마베른나흐

우즈베키스탄, 카자흐스탄, 키르기즈스탄, 타지키스탄까지 이어지는 천산산맥

르(Mavernnakhr) 지역으로 영어권에서는 트랜스옥시아나(Transoxiana)라고 부른다. '옥수스(Oxus)강 건너편의 땅'이라는 뜻으로 옥수스강은 지금의 아무다리야강이다. 남동쪽 국경 지역의 알타이산맥에서 발원한 아무다리야강은 아프가니스탄과 투르크메니스탄 사이를 가로질러 아랄해로 흘러 들어간다. 사막과 황무지로 척박한 남쪽 지역에 살던 사람들은 강 건너편, 지금의 우즈베키스탄 동부 지역에 농사짓기 좋은, 젖과 꿀이 흐르는 땅이 있다고 믿었다.

동쪽의 페르가나 계곡에서 시작된 시르다리야강 역시 우즈베키스탄과 북쪽의 국경을 마주하고 있는 카자흐스탄 사이를 가로질러 아랄해로 흘러 들어간다. 페르가나(Fergana) 역시 우즈베키스탄에게는 둘도 없는 비옥한 땅이고, 우즈벡 민족

위대한 유산 우즈베키스탄

도 이 풍부한 목초지를 따라 아랄해 서북쪽 지역에서 지금의 우즈베키스탄 땅으로 내려왔다.

  페르가나 주와 부하라 주에서 발견된 유물과 유적은 과거 구석기시대부터 인류가 이곳에 정착해 살았음을 보여준다. 기원전 3천 년경부터 이 지역 인류는 청동기를 사용하였고 기원전 2천 년대에는 인공 관개에 의한 농경이 보급되었다. 이처럼 농경과 목축이 정착되면서 기원전 10세기 전후부터는 오아시스 정주지역인 소그드(Sogd), 박트리아(Baktria), 그리고 호레즘(Khorezm)이 형성되었다.
  소그드는 사마르칸트와 부하라주, 박트리아는 현재 아프가니스탄 북부, 그리

우즈베키스탄을 먹여 살리는 생명의 젖줄인 아무다리야강과 시르다리야강

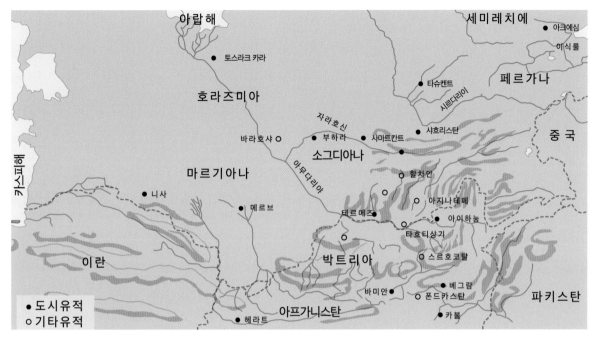

소그디아나-박트리아-호레즘

고 호레즘은 아랄해 남부 가 중심이었다. 소그드는 기원전 8~7세기경 고대 국가 형태인 소그디아나(Sogdiana)를 수립했으며, 기원전 6~5세기에는 박트리아가 등장하여 소그디아나와 함께 아케메니드(Achemenid) 제국의 일부가 되었다. 한편, 호레즘은 아랄해를 중심으로 시르다리야 중부 지역을 근거지로 삼고 있었으며, 동남부 지역과는 다른 문화권이었다. 정치적으로 이 지역에 원시적인 개념의 국가가 형성된 것은 기원전 4~3세기 경이지만, 이때 알렉산드로스 대왕의 침략을 받았고, 그레코-박트리아 왕국의 지배를 받았다.

❖ 문화적 배경: 소그디아나와 박트리아

역사를 이끌어 가는 사람들은 반드시 힘과 권력만을 기반으로 삼는 특정 지도자나 개별 영웅인 것은 아니다. 오히려 인플루엔서(influencer)라고 하는 당대의 특정 집단들이 역사의 주인공으로 등장할 때가 있다. 이들은 삶의 방식, 즉 무엇을 입고, 무엇을 먹으며, 어떻게 사느냐는 새로운 유행을 만들어 내며 시대를 이끌어가는 사람들이다. 또한 사회적 연결망이나 특별한 지식, 혹은 새로운 상품 등 화려한 문화로 우리의 일상에 영향을 미치는 사람들이다. 특히 요즘 같은 세계화 시대에는 그들이 대륙과 문화를 초월해서 막대한 부를 누리고 있다. 이러한 인플루엔서들은 2천년 전에도 존재했다. 바로 우즈베키스탄의 문화적 배경을 구축했던 소그드(Sogd)인들이 그런 경우이다.

소그드인들은 수적으로는 비록 소수이고, 권력도 제한적이었지만 주변 세계의 변화를 주도했다. 그들의 거주지는 '소그드(Sogd)의 땅(ia)'을 의미하는 소그디아나(Sogdiana)로, 오늘날 우즈베키스탄과 타지키스탄 지역을 중심으로 실크로드 교역로의 한가운데 있었다. 아무다리야강과 시르다리야강 상류의 중간을 동서로 흐르는 제라프샨강 유역의 옛 이름이기도 한 소그디아나에 처음 등장한 소그드인들의 존재는 기원전 5세기 아케메니드 페르시아 역사에서 확인할 수 있다. 그들은 이란계 민족으로 호상(胡商)이라는 이름으로 불리기도 했다. 이들이 중국 측 자료에 나타나기 시작한 것은 후한대, 즉 1세기 이후의 일로, 속익(粟弋), 속특(粟特), 강국(康國)이라고도 불렸다.

그들의 문화적 기조는 초원과 오아시스의 이원적 생활양식에 근거한 조로아스터교였다. 사마르칸트를 중심으로 거주하던 그들은 다국어 구사 능력을 지니고 있었으며, 그들이 사용한 소그드어는 당시 중앙아시아에서 국제어(franca lingua)의 위상을 지니고 있었다. 이에 힘입어 상업에 타고난 재능을 발휘한 그들이 실크로드에서 무역을 장악하게 된 것은 자연스러운 일이었다. 그들은 숙련된 가공 기술을 살려 동떨어진 지역들을 연결하고, 물건과 사상을 운반했으며, 국제 교역과 변화를 촉진하는 역할을 했다.

우즈베키스탄의 역사는 이러한 소그드인들의 활동이 기반이 되었다고 할 수 있다. 그들은 동쪽으로는 위진남북조 시대로 정권이 계속 교체되는 중국, 북쪽으로는 강성한 유목 국가들, 그리고 서쪽으로는 로마제국과 관계를 형성하는 방식으로 네트워크를 형성했다. 더 구체적으로는, 중국에서는 실크를, 서쪽에서는 유리구슬, 옥 장신구, 마노, 진주 등 값어치는 높으면서 크기가 작은 상품을 확보하여 동서를 오가며 장사를 했다. 가축과 노예를 팔았고 고리대금업으로 큰 부를 쌓기도 했다. 소그드인들은 부를 얻으라는 뜻으로 태어날 때부터 손에 아교를 발라 금화를 쥐어 주었고, 달콤한 화술로 상대를 설득하라는 뜻으로 입에는 꿀을 발라주었을 정도였다.

초원과 사막에 걸쳐 광범위한 질서가 형성되면서 상업 활동뿐만 아니라 유목 제국과 오아시스 국가 간의 사절 역할도 했다. 그리고, 중국·인도·서아시아는 물론 페르시아와 비잔틴에까지 흩어져 살면서 실크로드를 따라 동서양을 왕래하는 국제 교역망을 구축하기도 했다. 특히 당과의 무역을 활발히 전개했다. 대월지가 창업한 쿠샨 왕조의 무역망에 속해 있으면서 주로 중앙아시아~인도~중국을 연결하고 있었다. 국제적인 교역망을 유지·운영하기 위해서 실크로드 교역로의 중간 곳곳에 집단 거점을 형성했고, 제국이 아니라 독립된 지도자를 가진 여러 소국의 집합체 형태의 정치 구조를 갖추었다. 그들은 군사원정에 참여하기도 했고, 초원 유목민들로부터 스스로를 방어하기 위해 오아시스 도시를 요새로 만들기도 했다. 하지만 이들은 군사력보다 오히려 기동성, 유연성, 개방성을 중요시 여겼다.

그들은 상업 공동체를 구성하고 우편망도 갖추고 있었다. 둔황(敦煌)의 옥문관 근처에서 기원후 313년경의 것으로 추정되는 소그드 문자로 쓰여진 8개의 편지가 발견되었다. 여기에는 교역의 내용 외에도 흉노에 의해 낙양이 약탈된 '영가(永嘉)의 난'에 대한 소식도 담겨 있다. 이들은 규격화된 형태의 비단 봉투로 포장되었고, 주소도 적혀있다. 사마르칸트, 호탄, 누란, 둔황 및 다른 지역에 있던 소그드인들은 이런 방식으로 서로 연락을 주고 받았던 것이다. 서신에는 이자와 예치금을 비롯해서 소포의 무게 및 상품의 분할과 관련된 내용이 많아 당시 소그드인들의 평균적인 산수 실력이 얼마나 뛰어났는지 짐작할 수 있다. 그들은 단순히 물건만 들고 나른 것이 아니라 어음이나 신용장을 읽고 썼으며 곱셈과 나눗셈에도 능숙했던 것으로 보인다. 계약을 성사시키고 집행하는 법, 투자자를 끌어들이는 법, 환전하는 법, 수천 킬로미터에 걸쳐 이루어지는 복잡한 금융거래를 집행하는 방법을 이해하고 있었던 것이다. 그들의 체계적인 무역과 금융 시스템은 중세 이탈리아 북부 도시국가들의 금융업과 유사한 수준이었다.

소그드인들이 존재감을 드러내기 시작한 것은 3세기 쿠샨 왕조와 한나라가 쇠락하면서부터이다. 그들은 대상을 꾸려 이집트의 알렉산드리아부터 장안과 낙양 사이를 오가기 시작했고 4세기 이후에는 유라시아의 무역과 상권을 주도했다. 그들이 돌궐의 보호를 받으면서 동서 교역의 주역으로 괄목할 만한 활동을 한 시기는 6세기 이후이다. 8세기 사마르칸트가 인구 100만이 사는 세계 최대 도시로 번성할 수 있었던 것도 소그드 상인들의 활약 덕분이었다.

당시 당나라(기원후 618~907)의 수도 장안 역시 세계의 중심도시로 동아시아와 서아시아, 유목민과 농경민을 연결하는 접점이었다. 전체 인구가 100만을 넘었고, 인구 20명당 한 사람에 해당하는 1만명 이상이 외래인이었다. 그 가운데 '호객(胡客)'이라 불리던 소그드인들의 수가 4000명 정도였다는 기록에서 그들이 가졌던 세력의 규모를 짐작할 수 있다. 그들은 장안에 호풍(胡風)이라는 서역 문화를 유행시켜 문화 교류에도 큰 영향을 끼쳤다. 그들이 전했던 패션과 예능은 당 왕조에서 선풍적인 인기를 누렸다. 이러한 특징은 이국적인 문화를 선호했던 당 왕조의 문화에서 뚜렷하게 드러난다.

음식, 음악, 그리고 호무(胡舞)라 불리는 춤은 중국뿐만 아니라 한반도에서조차 사랑을 받았다. 일찍이 당에 유학을 떠나 서역계통의 연희물을 자주 접했을 최치원이 절구시 「향악잡영오수(鄕樂雜詠五首)」에서 그려낸 금환(金丸), 월전(月顚), 대면(大面), 속독(束毒), 산예(狻猊) 등 다섯 가지 기예가 그런 내용을 말해주고 있다.

소그드인들은 경전과 사상의 전달자로도 활약했다. 몇몇 초기 불교 경전 번역본은 소그드인의 것이었다. 그들은 페르시아 문화를 동방으로 전파하는 한편, 불교의 동진(東傳) 과정에도 큰 영향을 미쳤다. 둔황이나 투루판의 소그드인들은 불교의 문양이나 사상·개념·모티브 등을 서아시아의 무슬림 세계에까지 전파하

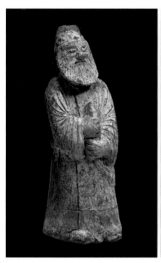

(좌) 소그드인 문관상 토우.
　　1986년 경주 용강동 돌방무덤 출토, 국립경주박물관
(우) 소그드인 무관상 토우.
　　1991년 경주 황성동 석실고문 출토, 국립경주박물관

기도 했다. 기독교와 마니교 역시 부분적으로 소그드인에 의해 전파되었다. 조로아스터교를 비롯하여 힌두교, 유대교 등 다양한 종교의 통로 역할을 하며, 다른 문화의 신(神)들을 받아들여 혼합종교를 만들기도 하고 독창적인 문화를 생산하기도 했다. 또한 각지에서 현지 문화의 특색을 받아들이며 상호 습합하는 과정에서 뚜렷한 지역적 변용을 이루게 되었다. 따라서 그들은 개방적이고 실리를 추구하는 종교 문화를 가지고 있었다. 동로마 제국에서는 기독교인처럼 행동하고, 인도와 중국에서는 불자처럼 행동했다. 당나라의 수도인 장안에서도 조로아스터교 사원들이 다수 들어서 있었는데, 이 사원을 드나들던 신자들은 주로 장사를 하러 중국 땅으로 건너온 소그드인들이었을 것으로 추정된다. 중국에서는 조로아스터교를 천교(祆教) 혹은 명교(明教)라 칭했다.

소그디아나 지역은 고대 이란 문화의 정수라고 할 수 있는 조로아스터교가 지역문화로서 새롭게 탄생한 문화거점이었다고 할 수 있다. 또한 동투르키스탄을 거쳐 동방으로 전파되어 가는 문화 발신지이기도 했다. 돌궐문자나 위구르·몽골 문자의 탄생에도 소그드 문자가 기초가 되었다. 이처럼 소그드인들은 비록 소수이고, 권력도 제한적이었지만 주변 세계의 변화를 주도했던 인플루엔서들이었다.

하지만, 그들은 오랜 시간 역사 속에서 잊혀 있었다. 기원후 7~8세기 이슬람 세력의 동진으로 소그디아나의 지역 사회는 붕괴되었고, 소그드인들은 점차 이슬람 제국에 흡수되었다. 우마이야 왕조에 맞선 호라산의 압바스 세력을 후원하여 압바스 왕조 성립에 지대한 공헌을 하기도 했지만, 이와는 대조적으로 기원후 755년 당에서는 소그드-투르크계인 안녹산이 난을 지원했다가 많은 소그드인들이 희생 당하기도 했다. 이후 그들은 중국 문화에 동화되면서 차츰 소그드인으로서의 정체성을 상실했다. 사라진 그들의 문화는 19~20세기에 발굴된 유적에서

312/313년 소그드 문자로 쓰여진 편지. 1907년 둔황에서 발견

W. 24.3x H 42cm

조로아스터교에서 납골함으로 사용된 오수아리. 제례의식이 잘 그려져있다. 아프라시압 박물관, 사마르칸트

W. 52 × H. 75 × D. 24cm

Sarah Stewart, ed., The Everlasting Flame, Zoroastrianism in History and Imagaintion (London and New York: I. B. Tauris, 2013), 100, no. 36.

겨우 확인할 수 있을 뿐이다. 그들은 역사 기록에 있어서 비교적 적게 등장하고, 기억될 만한 뚜렷한 지도자도 없다. 그것은 소그드 사회가 단독 정치체가 아니었을 뿐만 아니라 한 지역에 묶여 있지 않았기 때문이다.

소그드의 역사가 우리에게 여전히 생소한 이유는 우리가 가진 정주민 중심의 역사관 탓이기도 할 것이다. 그들은 군사력이나 권력보다는 유목민이 가진 다국어 구사 능력과 높은 기동성, 그리고 문화적 개방성을 바탕으로 세계를 이동하며 번성했다. 또한 전쟁보다는 평화로운 교역과 농업에 힘썼다. 따라서 이들을 제대로 이해하기 위해서는 지배층 중심의 역사보다는 사회 문화적으로 연결된 세계사적 시각이 필요하다. 그들의 흔적은 오늘날 경주에도 고스란히 남아있다. 괘릉과 흥덕왕릉의 무인석상과 황성동 석실분에서 출토된 호인용(胡人俑)의 생김새와 복식이 그러하거니와, 특히 그들의 머리띠 형태, 허리띠 위로 드리운 복장, 허리에 차고 있는 작은 주머니(pochette) 등의 특징도 소그드와 신라의 도래 가능성을 말해주고 있다.

소그디아나와 마찬가지로 박트리아(Bactriana, 大夏) 역시 우즈베키스탄의 역사가 형성된 기반이었다. 박트리아는 힌두쿠시 산맥과 아무다리야강 사이에 위치하고 있었으며, 그곳은 인도유럽어족의 발상지에서 인도, 이란으로 들어가는 길목이었다. 조로아스터교가 왕성했던 곳으로 불교의 발상지인 고대 간다라 지방과 마주하고 있었다. 오늘날의 우즈베키스탄·타지키스탄의 남쪽과 아프가니스탄의 북쪽을 포함하며 아무다리야강 상류까지 이른다. 박트리아인들이 이곳으로 들어온 것은 기원전 2500~2000년경이다. 그리고 기원전 6세기 중반 키루스 대왕에 의해 아케메니드에 병합된 후에는 페르시아 제국의 총독령이 되었다.

박트리아는 비옥한 토지, 중앙아시아와 이란, 인도를 연결하는 교역의 중심지로서 이집트, 바빌론에 버금가는 번영을 누렸다. 페르시아 제국의 다리우스 3세가 가우가멜라 전투(Battle of Gaugamela)에서 알렉산드로스 대왕에게 패하고 이곳으로 도망쳐 재기를 도모했지만, 당시 박트리아의 총독 베수스에 의해 살해당하고 말았다. 알렉산드로스는 소그디아나와 이란에 그리스 국가들을 건국했다. 다시 옥수스 강 너머로 향하던 그는 박트리아의 강력한 저항을 물리치고 2년간 마케도

무인 석상. 괘릉, 경주

(좌·우) 고대 박트리아인의 성채. 사마르칸트

니아 제국에 병합시켰지만 백성들을 굴복시키지 못하였다.

알렉산드로스가 죽은 뒤 마케도니아 제국은 결국 분열되었고, 박트리아는 셀레우코스 제국이 되었다. 그러나 박트리아는 기원전 255년 독립을 선언하고 소그디아나에 그레코-박트리아 왕국을 건국하고 영토를 인도로 팽창시켰다. 그들은 소그디아나를 지배하고 있었고 그리고 오랫동안 동방 헬레니즘의 기수로 역할을 했다. 알렉산드로스가 시행한 광범위한 계획정책을 계승한 박트리아의 왕들은 정착지마다 거대한 성곽으로 둘러싼 신도시를 건립했다. 우즈베키스탄의 최남단 테르메즈에 세워진 '캄피르테파'는 과거 박트리아 시대의 계획도시를 유

추하게 한다.

　박트리아는 특히 불교와 밀접한 관계를 맺고 있었다. 기원전 3세기 인도에 첫 통일제국을 세운 아쇼카 대왕이 불교를 국교로 삼자 박트리아 역시 불교에 적지 않은 영향을 받았다. 불교 경전《미란다왕문경(彌蘭陀王問經)》에 등장하는 밀린다(Milinda)가 바로 기원전 2세기 박트리아를 통치했던 실존 인물 메난드로스 왕으로 알려져 있다.

　기원전 1세기 사마천(司馬遷)의《사기(史記)》에는 기원전 128년 장건(張騫)이 한나라의 사절로 월지를 방문했던 보고서가 기록되어 있는데, 여기서 그는 박트리아를 대하(大夏)라 표기했고, 그곳에는 약 100만 명의 사람들이 작은 왕 또는 총독의 통치 아래 문명 도시를 이루어 성안에서 살고 있다고 했다. 한나라가 페르가나와 파르티아를 비롯해서 박트리아 문명에 관해 듣게 된 것은 그때부터였다. 장건 이후에 한나라가 실크로드를 통하여 박트리아와 상업 교류를 했다는 직접적인 기록은 없지만 실크로드는 박트리아 지역과 동아시아 교류의 젖줄이었을 것이다.

박트리아는 북방 유목민족의 잦은 침입으로 점차 쇠락해갔다. 이런 가운데 기원전 2세기 중국 서북지구 간쑤성(甘肅省)에 살던 월지족이 흉노에 쫓겨 중앙아시아 페르가나 분지에 정착한다. 결과적으로 박트리아는 월지족의 급습으로 기원전 145년경 멸망한다. 월지의 또 다른 명칭은 '토하르(Tohar)'로 원래 우즈베키스탄의 원주민 부족이었다. 월지족은 초창기 실크로드의 중심인 사마르칸트에 자리를 잡았다. 그러나 채 100년도 지나지 않아 이들은 쿠샨, 수안미, 히시, 후미, 후안미 등 다섯 집단으로 분리됐다. 이 가운데 쿠샨이 나머지 부족들을 통합하며 점차 강력한 왕국으로 발전했다.

(좌) 기원전 1-기원후 1세기 소그디아나를 지배한 월지의 왕자로 추정. 칼차얀 궁전 출토. 국립예술박물관, 타슈켄트

(우) 기원전 1-기원후 1세기 소그디아나를 지배한 월지의 공주로 추정. 칼차얀 궁전 출토. 국립예술박물관, 타슈켄트

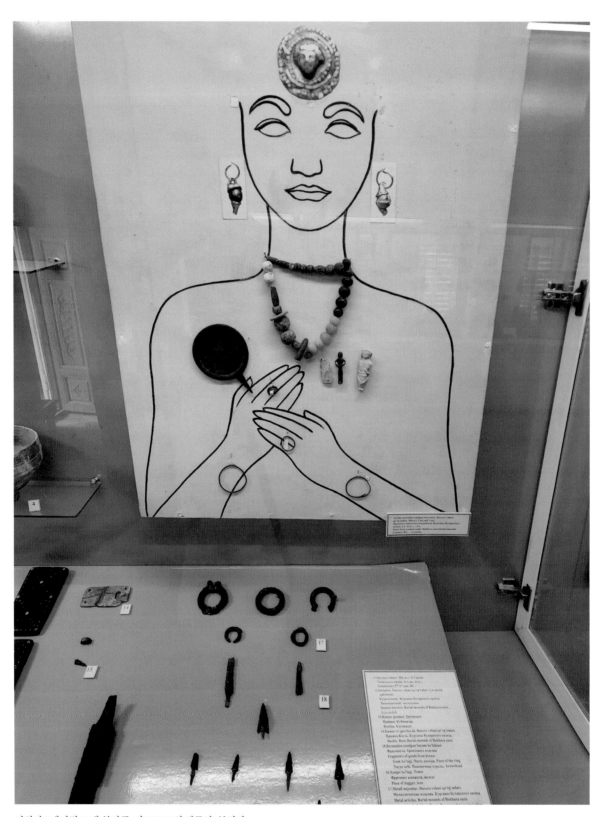

기원전 1세기경 고대 부장품. 아르크 고성 박물관, 부하라

3~5세기 여성 점토상. 아르크 고성 박물관, 부하라

기원전 1-기원후 1세기 여인의 두상. 칼차얀 궁전 출토. 국립예술박물관, 타슈켄트

6~7세기 날개 있는 여신상. 부하라 출토. 국립역사박물관, 타슈켄트

7~8세기 조각상. 아르크 고성 박물관, 부하라

(상) 소그디아나 동전. 아프라시압 박물관, 사마르칸트

(중) 5세기 사산조 페르시아 바흐람 5세 동전. 아프라시압 박물관, 사마르칸트

(하) 7세기 사산조 페르시아 호스로 2세 동전. 아프라시압 박물관, 사마르칸트

(상) 5세기 명사상. 국립역사박물관, 타슈켄트

(하) 5세기 사냥장면. 국립역사박물관, 타슈켄트

Sak akinaklari. Mil.avv. V-IV asrlar. Nusxalar.
Akinak (dagger) of Saks. 5-4 century BC.
Plaster cast.
Сакские акинаки. V-IV вв. до н.э. Муляжи.

Temir qilichlar va xanjar. Mil.avv. I asr.
Quyumozor qabristoni. Buxoro viloyati
Iron swords and dagger. I century BC.
Kuyumazar burial ground. Bukhara region
Железные мечи и кинжал. I в. до н.э.
Куюмазарский могильник.
Бухарская область.

(좌) 기원전 4~5세기 사카족 단검. 국립역사박물관, 타슈켄트

(우) 기원전 1세기 철제 단검과 검. 부하라 쿠유마자르 매장지 출토. 국립역사박물관, 타슈켄트

6~7세기 여인상. 부하라 바라흐샤 출토. 국립역사박물관. 타슈켄트

5~6세기 날개달린 여신상. 국립역사박물관, 타슈켄트

알렉산드로스 대왕 요새, 누로타

❁ 정치적 배경: 호레즘, 차가타이 칸국, 그리고 티무르 제국

소그디아나와 박트리아가 우즈베키스탄의 문화적 생산과 교류의 주역이 었다면, 호레즘(Khorezm)은 우즈베키스탄이 정치체로서 기틀을 잡는데 큰 역할을 했다고 할 수 있다. 호레즘은 아랄해 남쪽으로 흐르는 아무다리야강 하류의 비옥한 땅으로, 기원전 10세기경부터 이미 정주지역으로 자리를 잡고 있었다. 원시적 개념의 국가가 형성된 것은 기원전 4~3세기 경이지만, 기원전 2세기가 되자 유목민들이 밀려 들어왔고, 트랜스옥시아나 지역에 정착하고 있던 토착민들과 섞이면서 우즈베키스탄의 고대문화를 형성했다. 종교적으로도 조로아스터교, 불교, 네스토리우스교, 마니교 등이 유입되어 번영을 구가했다.

이들은 기원전 1세기에 우즈베키스탄 남부 지역의 넓은 영토에 쿠샨 왕조라는 불교 국가를 건립하였다. 쿠샨 왕조가 세워지자 중앙아시아는 한, 쿠샨, 파르티아로 재편되었다. 쿠샨 왕조는 당시 로마, 중국 한나라에 이어 세계 제국으로까지 성장하였다. 그 중심지가 테르메즈(Termez) 지역으로 인도와 이란-중동-유럽으로 연결되었다. 그 과정에 간다라 불교예술이 등장했다. 쿠샨 왕조가 역사적으로 중요한 역할을 했던 것은 무엇보다 인도 북부에서 시작된 불교가 지금의 티베트와 중국으로 확산될 수 있도록 했다는 데 있다.

기원후 4세기가 되자 쿠샨 왕조는 막을 내리기 시작했고 훈족과 스키타이의 혼혈인 에프탈(Epthalitae)의 침략을 받고 무너진다. 호레즘은 쿠샨 왕조에서 떨어져 나와 사산조에게 정복되고 만다. 에프탈은 5세기 중엽 사산조 페르시아와의 전쟁에서도 승리를 거두고 중앙아시아를 장악하였다. 하지만 6세기 중반에 투르크가 등장하여 알타이 산맥, 카자흐 초원 그리고 내몽골에 이르는 강력한 국가를 건설하였다. 또한 동투르키스탄으로 더욱 팽창을 하여 중앙아시아를 지배하고 있던 에프탈마저 복속시키고 투르크 카간국을 그곳에 세운다. 8세기 무렵에는 아랍의 침공을 받은 후에 이슬람화되기 시작하였으며, 사마르칸트, 타슈켄트, 코칸트, 부하라 등지가 종교의 중심지나 동서무역의 중계지로 번성하였다. 아랍·

투르크 연합군과 고구려 출신의 장군 고선지(高仙芝)가 이끄는 당·위구르 연합군 간 무력충돌의 현장이 되기도 했다. 그 후 이 지역은 사산조 페르시아를 비롯한 여러 이란계 왕조들에 의해 지배되고 있다가 10세기부터는 사만조의 통치 영역에 포함되었다.

호레즘샤(Khorezm Shah, 1077~1231)라는 명칭을 가지면서 국가 형태를 갖추게 된 것은 11세기 들어서였다. 그 후 호레즘의 상황은 카라한조와 가즈나조, 셀주크조 간 대결 양상에 따라 수시로 바뀌었다. 세 왕국 모두 이미 이슬람화한 이란-투르크계 국가들이었다. 그중 셀주크조가 호레즘샤 건국의 기틀을 잡았다.

긴장관계에 있던 셀주크조와 호레즘샤는 1128년 아트시즈(Atsiz, 재 1128~1156) 때 새로운 전기를 맞았다. 그는 인근의 잔드와 호라산 일대의 투르크멘에 대한 지배권을 적극적으로 확대해나갔다. 그리고 마침 셀주크군이 사마르칸트에 패하자, 호레즘샤는 호라산을 공격하면서 세력 평창을 본격화했다. 1172년 아드딘 테키시(Ala ad-Din Tekish, 재 1172~1200)가 호라즘의 샤가 된 후에는 이라크 셀주크 원정을 승리로 끝내고 하마단(Hamadan)과 이스파한(Isfahan), 라이(Ray) 등을 호레즘샤 왕국에 복속시켰다. 당시 트랜스옥시아나 일대에는 투르크계나 이란계의 수많은 군소왕조가 난립했고, 생존을 위한 이합집산을 거듭하고 있었다.

1208년 3월경 호레즘샤는 트랜스옥시아나와 서아시아로 원정을 감행했다. 우선 니샤푸르(Nishapur)와 헤라트(Herat)에 진입한 후 부하라(Buhkara)를 확고한 영향권 아래 두었다. 수도를 오늘날 투르크메니스탄의 코네우르겐치(Konye-Urgench)인 구르간즈(Gurgānj)에서 사마르칸트로 이전하여 결국은 트랜스옥시아나 전역을 호레즘샤에 편입시켰다. 승승장구하던 호레즘샤는 페르시아 서부까지 뻗어 나가 서쪽으로는 카스피해에서 자그로스산맥, 북쪽으로 시르다리야강, 동쪽으로 힌두쿠시산맥에 이르는 대제국으로 성장했다. 1218년 호레즘샤 제국의 인구는 약 500만에 달했다.

1217년은 호레즘샤가 제국으로 발돋움한 해였지만, 동시에 왕조의 운명을 파국으로 몰아간 최악의 해이기도 했다. 무엇보다 바그다드의 압바스 칼리프에 대해 공세적이고 적대적인 태도를 취한 탓에 그들은 피지배자들의 지지를 얻지 못

(좌·우) 호레즘 성채. 히바

했다. 정복과 약탈 정책은 오히려 호레즘샤의 기반을 흔들었다. 이때 호레즘샤 동쪽에서도 엄청난 역사적 변동이 진행되고 있었다. 칭기스칸의 몽골군이 서정 (西征)을 시작한 것이다. 호레즘샤가 동서교역로를 장악하고 있었기 때문에 칭기스칸은 우선 호레즘샤와의 외교관계를 수립하고자 했다. 1218년 칭기스칸이 대규모 경제 사절단을 호레즘샤에 파견했지만 오트라르(Otrar)의 영주는 그들을 전원 처형하고 말았다. 교역을 빌미로 상인으로 가장한 첩자로 알았다는 것이다. 칭기스칸은 즉시 사신을 보내 강력히 항의했지만, 그들은 이 사신마저 처형하면서 두 강대국은 싸움을 시작하게 되었다.

　칭기스칸은 20만 대군을 이끌고 1220년 시르다리야강을 건넜다. 칭기스칸의 복수는 파괴와 약탈로 잔인하게 이루어졌다. 부하라에 이어 수도 사마르칸트를 초토화하고, 구르간즈를 폐허로 만들었다. 중앙아시아에서 가장 강력했던 제국은 그렇게 무너져버렸다. 몽골의 서진은 호레즘샤의 역사뿐만 아니라 중세 이슬람 역사에서 한 획을 그었다. 셀주크조와 바그다드의 압바스조 칼리프마저 무너지고 말았다. 그러나 다른 한편으로는 몽골이 무슬림과의 본격적인 접촉을 통해 이슬람 문화의 우수성을 깨닫게 된 계기가 되었다. 몽골은 호레즘샤의 기술자, 장인, 예술가, 종교인 수만 명을 포로로 끌고 갔다. 그들은 몽골의 부족 중심 유목

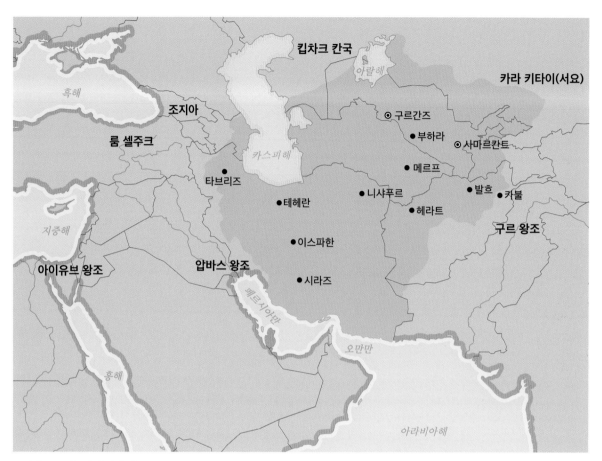

13세기 초 호레즘샤의 최대 영토

사회를 개화시키고 글로벌 제국에 걸맞는 제도나 체제 변화를 위해 활용되었다. 이로 말미암아 이슬람–투르크 문화가 호레즘을 통해 아시아 전역에 널리 확산하는 계기가 마련되었다.

1221년 호레즘샤가 몽골에 의해 멸망하고 1370년 티무르가 등장할 때까지 이 지역의 역사는 차가타이 칸국(Chaghatai Khanate, 1227~1369)에 의해 다스려졌다. 칭기스칸이 둘째 아들 차가타이에게 물려준 나라였다. 차가타이 칸국의 영토는 일리(Ili)강에서 시르다리야강에 이르는데, 대략 투르키스탄과 트랜스옥시아나 지역에

유목민의 주거형태인 유르트. 누로타

해당한다. 차가타이 칸국은 오고타이 칸국, 킵차크 칸국, 일 칸국과 더불어 몽골 제국의 4대 칸국 가운데 하나였다. 칸국이라고 불리우는 여러 울루스(Ulus)들 사이에 자리잡게 되어 중앙 울루스라고 불리기도 했다. 이러한 입지조건으로 말미암아 차가타이 칸국은 제국 안에서 벌어지는 정치적 변동에 계속해서 영향을 받았고 칸의 권력안정 또한 쉽게 이루어지지 않았다.

순수 유목국가였던 차가타이 칸국의 기본노선은 도시화나 정주화가 아니었고 유목국가의 전통을 그대로 유지하는 것이었다. 또한, 차가타이 칸국에 거주하는 주민의 대다수가 유목 혹은 반유목생활을 하는 투르크족들이었기 때문에 피정복민족과 정복민족의 전통이 별로 다르지 않았다. 따라서 수적으로 적은 몽골인 지배층이 오히려 다수의 피지배층이었던 투르크족에 흡수 동화되어 투르크화 현상을 초래하게 되었다. 하지만 유목민의 전통을 고수한 차가타이 칸국은 자체기록을 많이 남겨놓지 않아서 몽골의 4대 칸국 중 역사가 가장 잘 알려지지 않았다. 다행히 몽골어와 투르크어가 혼합되어 생성된 차가타이 투르크어는 이 지역의 정신문화를 수립하는데 받침돌 역할을 했다. 따라서 그것은 지금도 중세 투르크어와 중세 몽골어 연구에 있어 매우 중요한 자료로 이용되고 있다.

1282년에 즉위한 제10대 군주였던 두아(Du'a, 재 1282~1307)는 차가타이 칸국의 가장 뛰어난 군주였다. 특히, 1303년경부터는 건국 후 최초로 당시 다른 칸국들과 마찬가지로 자치권을 획득하고 일련의 개혁을 단행해서 차가타이 칸국을 재건하고자 했다. 그의 개혁은 제12대 군주였던 케벡(Kebek, 재 1318~1326)에 의해 계승되어 전통적인 유목 생활에서 정주 생활과 도시 생활에 더 많은 비중을 두게 되었다. 실제로 칸국의 정주화와 도시화가 이루어져 사마르칸트와 부하라 같은 도시들이 재건되었고 14세기 티무르 제국 시대의 번영과 영화의 기초를 이루었다. 그의 재위기에 차가타이 칸국은 태평성대를 구가했고 최전성기에 해당했다고 볼 수 있다.

당시 몽골 귀족들은 이슬람으로 개종하여 토착 귀족세력과 연합했다. 몽골 귀족들의 절반 이상이 무슬림식 이름을 가지고 있었던 것으로 보아 차가타이 칸국에서는 이슬람화가 상당히 진행되고 있었음을 알 수 있다. 그러나 초원지대에서 유목민적 삶과 전통을 유지하려는 세력 또한 만만치 않았다. 정착을 도모하려는 세력과의 갈등은 심화되었고, 1326년 이후에는 각 부족들이 독자적 권리를 주장하며 급격하게 분열되었다. 나라가 기울기 시작했고, 귀족들이 속한 이슬람과 백성들의 전통종교인 샤머니즘 간의 갈등도 심화되었다. 당시 이곳은 온갖 인종과 문화가 뒤섞이는 곳이었다. 투르크족, 몽골족, 타지크족, 위구르족 등이 이슬람교, 불교, 기독교를 믿으며 이란, 인도, 중국 등의 문화적 영향을 받았으니 처음부터 '통일'은 불가능했을지도 모른다.

결국 1347년에 차가타이 칸국은 동서로 나뉘게 되면서 트랜스옥시아나

13세기 몽골 전사 세밀화. 국립역사박물관, 타슈켄트

호레즘 성채 앞 낙타와 대상 조각상. 히바

(Transoxania)와 모굴리스탄(Moghulistan)으로 분열되었다. 이슬람-투르크화가 심화된 왕실에 반발한, 오늘날 신장 지역인 모굴리스탄이 이탈해 투글루크 티무르(Tughlugh Timur)를 칸으로 옹립해버린 것이다. 그는 일시적으로 차가타이 칸국을 통합했으나 그가 죽은 1363년에 다시 붕괴되고 말았다. 투글루크 티무르에 이어 차가타이 칸국을 장악한 사람은 발라스부(Barlas tribe)의 아미르 티무르(Amir Timur)였다. 그는 다른 여러 부족들을 제압한 후 1370년에는 서차가타이 칸국마저 장악하고 티무르 왕조를 세웠다. 모굴리스탄 칸국 역시 티무르 왕조의 지배권 아래로 들어가게 됐다. 차가타이 칸국은 그렇게 역사 속으로 사라지게 되고 티무르 제국의 등장을 기다리게 된다.

아프라시압 박물관 옆 낙타와 대상 조각상. 사마르칸트

    14세기 후반에서 16세기 초까지는 티무르 제국(1369~1508) 시대였다. 1370년 사마르칸트를 수도로 삼은 티무르 제국은 그 기반을 몽골과 이슬람에 두고 본격적으로 제국을 구축하기 시작했다. 그리고 실크로드라는 도시 경제의 중요성을 잘 파악하여 전통적인 유목 문화와 도시 교역 문화를 접목시키고자 했다. 이는 곧 시장 경제의 활성화로 이어졌다. 실크로드의 도시에는 세계적인 물자들이 모이고, 사람들이 왕래하면서 교류의 중심지가 되었으며, 상인들은 티무르 정권과 적극 협력했다.

    우즈베키스탄의 민족적·정치적 정통성이 수립된 것은 이때부터였다. 티무르는 바로 우즈베키스탄이 건국의 아버지로 삼고 있는 영웅이다. 하지만 '우즈벡'

이라고 불린 사람들이 처음 역사 문건에 나타난 것은 1335년이다. 이들은 현재의 우즈베키스탄이 아닌 러시아 남부 대평원과 카자흐스탄 북부 초원에서 살다가 16세기 초에 칭기스칸의 직계 후손인 샤이바니 칸(Shaybani Khan, 1415~1510)과 함께 남하했던 무리들이다. 혈연적, 부족적 집단이라기보다 우즈벡이 투르크화된 혹은 투르크-몽골 집단이라고 할 수 있다. 왜냐하면 그들이 지금의 우즈베키스탄으로 남하하기 이전에 이미 그곳에는 여러 정치적 집단들이 존재하고 있었기 때문이다.

16세기 이후에는 부하라(Buhkara), 히바(Khiva) 및 코칸트(Kokand) 칸국이 건국되고 여러 부족들이 정착하기 시작했다. 그러나 1552년 러시아의 중앙아시아 정복이 시작되면서 약 3세기에 걸쳐 광대한 러시아령 중앙아시아화(化)가 진행되었다. 그들은 유능한 타타르 상인을 활용하여 동방 무역을 확대하고, 유목민들을 이슬람으로 개종시키며 동방의 문명화를 도모했다. 19세기에는 제정러시아가 우즈베키스탄에 진출하였다. 그리고 1868년에 사마르칸트와 부하라 칸국, 1873년에 히바 칸국, 1876년에 코칸트 칸국을 병합하여 러시아령 투르키스탄을 완성시켰다. 이로써 우즈베키스탄 전 영역이 러시아의 지배를 받게되었다.

러시아인들은 중앙아시아 지배를 위한 여러 시행착오 끝에 현지 관습법과 이슬람법을 존중했고 와크프(이슬람 종교재단)의 재산도 인정했다. 그러나 미국의 남북전쟁으로 인한 면화 산업이 중단되자 우즈베키스탄에서의 목화 재배가 확대되고 슬라브계 농민이 대거 이주하면서 우즈베키스탄 사회에 큰 변화가 일어났다. 특히 1890년대 이후 이주민의 증가는 현지인과 이주민 사이의 갈등을 고조시켰다. 행정 당국의 민족 차별 정책은 러시아 지배에 대한 저항을 불러왔다. 1898년 우즈베키스탄의 안디잔 봉기를 비롯해서 이러한 저항은 20세기 초반까지 계속되었다. 무엇보다 1905년 러-일전쟁에서 러시아의 패배는 무슬림들의 반란을 재촉하는 기폭제가 되었다. 신문과 잡지의 발행, 각종 정치 결사의 창립, 계몽 운동 등을 바탕으로 대규모 봉기도 일으켰지만, 결국 1916년에 완전히 진압되고 말았다.

이 당시에 세워진 건물들 역시 당대의 시대적 상황을 그대로 말해주고 있

티무르박물관. 타슈켄트

쿠다야르 칸 궁전, 코칸트

다. 1870년 페르가나의 코칸트에 지어진 쿠다야르 칸 궁(Palace of Khudayar Khan)과 1911년 부하라에 지어진 시토라이 모히호사 궁(Sitorai-Mohi-Hosa Palace)이 대표적이다. 쿠다야르 칸 궁의 건축을 완성한 쿠다야르 칸은 코칸트의 마지막 왕이었고, 시토라이 모히호사 궁을 완성한 아미르 알림 칸(Amir Alim-khan)은 부하라의 마지막 왕이었다.

　쿠다야르 칸 궁은 칸의 권위를 나타내기 위해 지어졌지만, 코칸트가 러시아에

정복되면서 철저히 파괴되고 말았다. 궁은 원래 7개의 중정과 120개의 방이 있었
지만, 중정은 5개, 방은 겨우 19개만 남았다. 궁의 전체 규모는 원래 4ha에 달했고
길이가 138m, 폭이 68m였다. 정문은 높이가 5m를 넘었다. 건물의 파사드는 모두
기하학적 패턴의 타일로 장식이 되어 있고, 특히 노란색과 초록색이 도드라져 이
는 우즈베키스탄 건축물이 대부분 푸른색과 청록색을 사용하는 것과는 차이가
있다.

(상) 러시아풍 샹들리에 장식. 시토라이 모이호사 궁전, 부하라(ⓒ조미경)

(하) 중국 도자기를 선호하는 러시아풍 내부장식. 시토라이 모이호사 궁전, 부하라(ⓒ조미경)

시토라이 모이호사 궁전, 부하라(ⓒ조미경)

이와 달리, 아미르의 여름 궁전으로 지어진 시토라이 모히호사 궁은 상트 페테르부르크와 얄타에서 러시아식 건축술을 배운 건축가들이 러시아 건축과 유럽 건축의 특성을 부하라 전통 건축 방식에 도입해서 지은 화려한 궁이다. 거대한 아치형 입구에 갤러리 형태를 갖춘 정원, 유럽풍의 주 건물, 그리고 정원은 아미르의 하렘으로 구성되어 있다.

1922년에는 스탈린이 등장하면서 소비에트 연방이 성립되고, 중앙아시아의 '민족별 경계획정' 작업이 이루어지기 시작했다. 스탈린의 목표는 모든 민족을 러시아 슬라브 민족을 중심으로 융합시키는 대러시아주의였다. 하지만 우즈베키스탄은 민족주의를 강력하게 내세워 대러시아의 우산 아래로 들어가는 대신 1991년에 우즈베키스탄으로 독립했다. 물론 처음부터 다민족 다문화로 구성된 그들에게 민족주의란 단일민족 혹은 단일문화를 배경으로 하는 것이 아니었다. 반러시아주의를 위해 다민족들의 연대로 이루어진 이념적 민족주의라고 할 수 있다. 그들은 기본적으로 다민족 다문화 국가이며, 그들의 역사와 문화는 지배민족 혹은 지배국들의 다양한 이식(移植)에 의해 중층적으로 이루어진 것이기 때문이다.

우즈베키스탄은 정주 문명을 이루었던 페르시아의 상업적 전통, 그리고 유목문화의 전통을 계승한 투르크 문화와 교류를 통해 혼성문화를 형성했다고 할 수 있다. 이는 다시 조로아스터교, 기독교, 불교, 이슬람 등과 같은 동서양의 문명을 확산시키는 역할을 했다. 훗날 이슬람교가 유입되어 토착 종교였던 샤머니즘 및 천신 신앙과 결합하여 중앙아시아만의 독특한 수피즘으로 발전시켜 나가게 된 것도 그런 맥락이다.

따라서 우즈베키스탄의 역사를 이해하는 일은 다민족 사이에 일어났던 정치사를 이해하는 것으로 충분하지 않다. 다문화가 형성했던 복합적 역사를 하나의 흐름으로 엮어내야 한다. 그러나 그들 스스로 만들어 낸 역사서가 존재하지 않을 뿐 아니라, 7~8세기 아랍의 침략으로 이전에 서술되었던 여러 가지 문서들이 불태워져서 거의 남아 있지 않다. 비록 호레즘과 소그디아나와 박트리아 이후 고대 우즈베키스탄 지역을 지배했던 국가들을 연대기적으로 나열할 수 있기는 하지만, 그것은 온전한 우즈베키스탄의 역사는 아니다. 이들은 모두 지배국의 역사이고, 그들의 관점, 그들의 주관에 의해 서술되었기 때문이다.

우즈베키스탄의 역사를 이해하기 어렵게 하는 장애물은 여기서 끝이 아니다. 그들의 언어는 지배세력이 바뀔 때마다 달려졌는데, 페르시아어, 그리스어, 아랍어, 몽골어, 러시아어 등이며, 게다가 중국어와 투르크 제어 등도 포함된다. 유목민들은 기록을 남기지 않았고, 기록된 내용이 있었다 할지라도 불태워졌거나 사라졌다. 따라서 지금의 우즈베키스탄과 관련된 통사를 객관적으로 서술한다는 것은 거의 불가능에 가깝다. 그럼에도 불구하고 우리는 그들의 역사를 다음과 같이 나열해 볼 수 있다.

아케메니드 왕조 → 소그디아나 → 박트리아 → 호레즘 → 그레코-박트리아 → 스키타이 남하 → 쿠샨 왕조 → 에프탈 → 투르크 1차 남하 → 아랍 이슬람 → 사만조 페르시아 → 투르크 2차 남하(카라한조, 가즈나조, 셀주크조, 호레즘샤 왕조) → 몽골 (차가타이 칸국) → 티무르 왕조 → 우즈베크 남하 → 우즈베크 3칸국(부하라 칸국, 히바 칸국, 코칸트 칸국) → 러시아제국 → 소비에트연방 → 독립 우즈베키스탄

부하라에 있는 '마고키 아토르 모스크'(Magoki-Attor Mosque)는 우즈베키스탄 역사의 이러한 중층적 구조를 보여주는 대표적인 예라고 할 수 있다. 이 사원은 12세기 이슬람 건축물이지만 지하에 속하는 기단부에서는 불상이 발견되었고, 중간 부분에는 조로아스터교 사원 양식으로 되어있다. 그리고 세월이 흘러 다시 그 위에 이슬람 사원을 건축하고 유대교와 같은 자리에서 예배를 드렸다고 한다. 건축물 곳곳에 이들 종교의 흔적이 지금도 남아있다. 때로는 이 중층이 토착의 역사와 문화까지 포함하여 새로운 특징을 이루기도 한다. 투르크와 몽골의 유목 문화, 페르시아와 아랍의 이슬람 문화는 소비에트 체제를 거치면서 조금씩 변형된 특징을 이루고 있는 것이 곧 오늘의 우즈베키스탄 문화라고 할 수 있다.

14세기 티무르 시대의 무기. 국립역사박물관, 타슈켄트

(좌상) 14~15세기 티무르 시대 전사의 판금갑옷. 국립역사박물관, 타슈켄트

(우상) 15~16세기 전사의 사슬갑옷과 원형방패. 티무르박물관, 타슈켄트

(하) 14~15세기 티무르 시대 안장. 티무르박물관, 타슈켄트

제2장

역사를 품은
도시들

아프라시압, 궁전 벽화의 도시

사마르칸트 도심에서 동북 방향으로 10km 떨어진 곳에 아프라시압(Afrasiab) 언덕이 있다. 기원전 6세기 무렵 처음 역사 무대에 등장하는 이곳은 아케메니드 페르시아의 일부였다가 기원전 4세기 후반 알렉산드로스 대왕의 동방 원정 때 알렉산드리아의 일부가 되며 헬레니즘이 번성하기도 하였다. 당시의 명칭은 마라칸다(Marakanda)로 몽골군의 침략을 당한 13세기까지 사마르칸트의 중심부였다. 그때까지 사마르칸트의 역사가는 바로 아프라시압의 역사라고 할 수 있다.

이곳에서는 높은 성벽으로 에워싸인 궁전과 지하수 망이 갖춰진 주택들의 유적과 도심으로 향하는 수로도 3개나 발굴되었다. 북쪽의 높은 언덕에서부터 시작해 남쪽의 평평한 지대까지 모두 성곽으로 둘러싸여 산성과 평지성이 결합된 도성 형태였다. 3각형의 성채에 둘러싸여 내부 면적이 219ha에 달하고, 삼십여 개의 방으로 이뤄진 거대한 아프라시압 궁전터이다. 1965년에는 본 궁에서 약 500m 떨어진 별궁으로 추측되는 곳에서 그리스풍이 역력한 박트리아시대의 도자기, 검과 칼, 은화 등 알렉산드로스의 동방 원정 기념품, 쿠샨 왕조 때의 조로아스터교 흔적, 물과 다산(多產)의 여신 아나히타(Anahita)의 테라코타 조상(彫像) 등이 발굴되었다. 이곳이 실크로드 무역의 중심지였다는 역사적 사실이 증명된 것이다. 그 중에서도 중요한 것은 7세기 중엽 소그드 시대에 그려진 것으로 추정되는 벽화다. 궁전터 중심부에서 발견된 이 벽화는 당대의 화려했던 모습을 그대로 보여주고 있다.

벽화의 주인공은 658년 당(唐) 고종(高宗, 재 650~683)에 의해 강거도독부(康居都督府)의 도독(都督)으로 임명된 소그드 왕 바르후만(Varkhuman, 拂呼縵)이다. 그는 당시 사마르칸트, 부하라, 그리고 오늘날 타지키스탄의 판지켄트(Panjikent) 지역을 아울렀던 도시 연합국가 소그디아나를 다스리고 있었으며, 벽화에는 그를 알현 중인 많은 나라의 사절들이 등장한다. 차가니안(Chaghaniyán; 사마르칸트 남부 지역), 차치(Chach: 타슈켄트 지역), 티벳(추정), 투르크, 당, 고구려 등 세계 각국에서 온 사절들이

아프라시압 궁전 유적지. 사마르칸트

아프라시압 서벽 벽화 모사도

그려져 있어 당시 이 지역이 실크로드의 중심이었음을 말해 준다. 동서남북 4개의 벽면에 각 11m씩 나눠 그려져 있는 벽화는 총 44m에 이르는 거대한 규모다. 건물 입구는 동쪽에 나 있으며, 입구에서 바라보이는 서벽이 주벽이다. 4면에 그려진 벽화의 주제에 대해서는 다양한 의견들이 있지만, 정리하면 대략 다음과 같다.

서벽에는 사절단의 접견 장면이 그려져 있다. 아래쪽에는 여러 무사들이 나란히 서 있거나 앉아 있고, 누군가를 향해 줄지어 예물을 드리고 있기도 하다. 주변 민족들을 대표하는 사절단들이 바르후만 왕에게 인사를 아뢰고 선물을 바치는 장면으로 추정된다. 사절들이 한 사람씩 순서대로 왕 앞에 나아가 공물을 바치는 페르시아의 전통 노루즈 축제를 연상케 한다. 특히 아래쪽에 그려진 12명의 외국 사절단 행렬 가운데 북과 깃대가 꽂힌 오른쪽의 배너들 옆에 선 두 사람이 눈길을 끈다. 그들이 고대 한국인으로 추정되기 때문이다. 깃털이 꽂힌 조우관(鳥羽冠)은 물론이고 무릎을 가릴 정도의 긴 황색 상의에 검은색 띠를 둘러 왼쪽으로 옷을 묶었으며, 헐렁한 바지에 뾰족한 신발을 신고 양손은 공수(拱手, 팔짱끼기)를 하고 있으며, 허리에 차고 있는 큰 검이 특히 고구려인들이 차던 환두대도(環頭大刀)와 형태가 같다는 사실 등이 이를 증명해주고 있다. 더구나 당시 고구려가 유연, 돌궐 등 유목민족과 오랜 교섭을 해왔다는 동아시아의 국제정세도 이를 뒷받침해 준다. 고구려는 물론이고 수나라나 당나라의 위협에 직면한 서역 제국이 모두 연합의 필요성을 느껴 외교적 노력을 기울였을 것이라는 정황 때문이다. 사행(使行) 시기는 7세기 중반(650~655)으로 추정하고 있다. 이 벽화는 당시 한반도의 서역교류사(西域交流史)를 증명해주는 근거가 될 수 있다는 점에서 가치를 더해준다.

동벽에는 출입문이 위치해 있어 벽화의 훼손 정도가 심하다. 정확한 내용을 파악하기 어렵지만, 활을 쏘는 어린아이, 물결 문양 등이 남아있다. 출입문 좌측에는 의자에 앉은 채 동그란 물체를 향해 손을 내밀고 있는 사람과 그 앞에 무릎을 꿇고 있는 사람, 말을 탄 인물 등이 보인다. 출입문의 오른쪽에는 알몸의 아이들이 활을 쏘는 장면과 물소의 꼬리를 잡고 있는 사람이 보이며, 물고기와 오리도 볼 수 있어 습지의 환경을 묘사한 것으로 보인다. 학자들 가운데는 소그디아나 남부의 인도, 혹은 조로아스터교에서 말하는 천국을 묘사한 것이라고 주장하는 사람도 있다.

남벽에는 사당(祠堂)으로 보이는 건물이 왼쪽 끝부분에 있으며 이를 향하는 화려한 행렬이 그려져 있다. 조상을 숭배하는 의식이나 결혼식 장면으로 보이지만, 남부 수르한다리야에서 시집오는 결혼 행렬로 해석되기도 한다. 신부는 하얀 코끼리 등 위에 올라타고 말을 탄 세 사람의 시녀들이 그 뒤를 따르고 있다. 그 뒤를 낙타와 말을 탄 행렬이 따르고 있다. 이어서 낙타를 탄 두 인물이 각자의 손에 의

아프라시압 벽화 서벽 복원도. 오른쪽 끝의 2명은 고구려 사신으로 추정

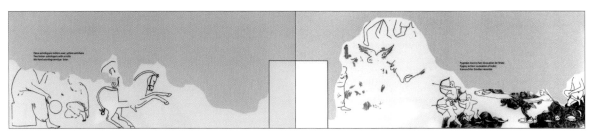

아프라시압 벽화 동벽 복원도

아프라시압 벽화 남벽 복원도

아프라시압 벽화 북벽 복원도

례용으로 보이는 막대를 들고 있다. 그들의 뒤로 거위 네 마리, 아무도 타지 않은 말 그리고 이들을 모는 인물이 뒤따른다. 그 뒤로 신부의 아버지인 듯한 사내가 화려하게 치장된 말을 타고 따르며, 두 명의 말을 탄 수행 인물과 세 마리 말의 형상을 볼 수 있다

북벽에는 크게 2개의 주제로 나뉘어어 그림이 그려져 있다. 왼쪽에는 중국식 복장을 한 여인들이 악기를 연주하며 뱃놀이를 하고 있고, 짐승 머리로 장식된 배와 물 위로 정체를 알 수 없는 동물들과 먹이를 주는 어미 새와 새끼들, 오리와 연꽃 등이 그려져 있다. 오른쪽에는 뭍에서 창과 활로 맹수를 공격하는 기마 인물들 등 수렵 장면들이 역동적으로 묘사되어 있다. 여기서도 역시 남벽과 마찬가지로 중심이 되는 인물이 유독 크게 묘사되어 있다. 당의 황제로 추정된다. 당시 이 지역이 당나라와 상당히 우호적인 관계에 있었기 때문이다. 이는 바르후만 왕이 7세기 중반 당나라에서 벼슬을 받았다는 기록과도 부합한다.

동벽 우화 복원 벽화

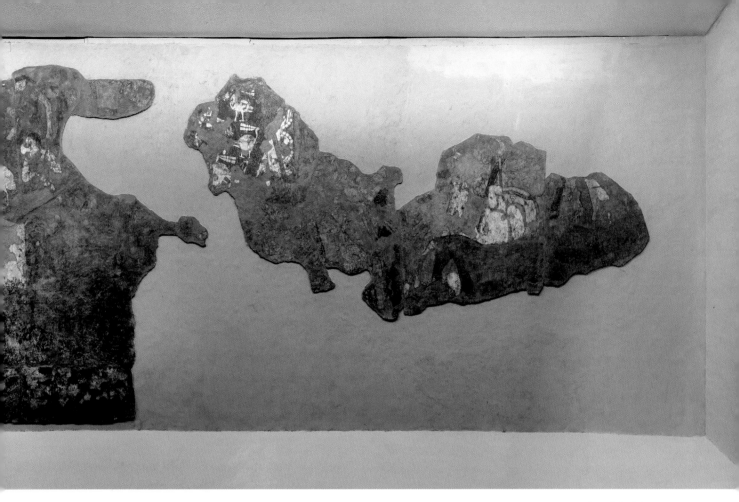

남벽 복원 벽화

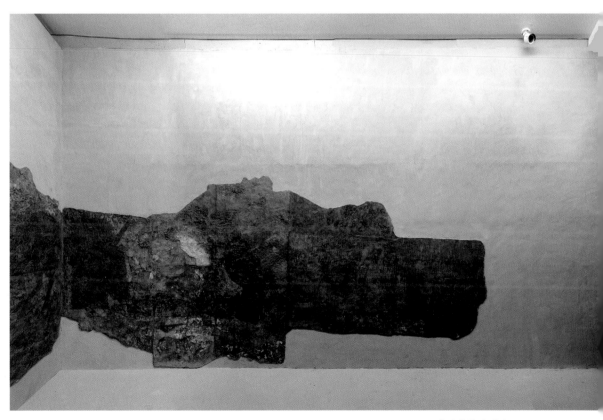

동벽 좌화 복원 벽화

서벽 복원 벽화

북벽 복원 벽화

🏵 사마르칸트, 실크로드의 심장

　　사마르칸트는 기원전 8~7세기 전후에 세워진 유서 깊은 도시로 제라프샨 강이 흐르는 계곡에 위치하여 물이 풍부하고 기후도 시원하다. 지금의 사마르칸트 서북쪽 구릉지대인 아프라시압 언덕에 있었다. 사마르칸트라는 지명은 사람들이 만나는 곳이라는 뜻의 소그드어 '사마르(samar)'에서 유래했다고 한다. 이름에서 예전부터 사람들이 만나 교역하였던 곳임을 알 수 있다. 다른 한편으로는 투르크어로 풍요를 뜻하는 '사마르'와 도시라는 뜻의 '칸트'에서 유래하여 풍요의 도시를 의미한다고도 한다. 고대 그리스인들은 이곳을 마라칸다(Maracanda)라 했고, 중국에서는 남북조(南北朝) 시대부터 수(隋)·당(唐) 시대에 걸쳐 강국(康國)이라고 불렀다. 사마르칸트는 육상 실크로드의 중심지로서 번영을 구가했지만, 치러야 했던 대가도 컸다. 소그드인들이 지배하던 이 도시는 기원전 500년경에는 다리우스에게 정복되어 페르시아 제국의 일부가 되었고, 기원전 300년경에는 알렉산드로스에게 정복되기도 했다.

　　629년 불경을 구하러 인도로 가던 당나라 현장(玄奘)법사가 사마르칸트를 통과하면서 《대당서역기(大唐西域記)》에 다음과 같이 썼다.

> 강국은 주위가 1천 6~7백리, 동서가 길며 남북은 좁다. … 주민은 많고 제국의 귀중한 산물이 이 나라에 많이 모인다. 토지는 비옥하여 농업이 충분히 되고 있으며, 수림은 울창하고 과일도 잘 되고 있다. 좋은 말이 많이 나며 베짜는 기술은 특히 다른 나라보다 빼어났다. … 모든 호국(胡國)은 이곳을 중심으로 삼고 있다.*

이는 당시 사마르칸트의 풍족한 경제력과 정치적 위상을 잘 보여주고 있다.

---

* 현장법사, 권덕주 옮김, 《大唐西域記》, 서울, 우리출판사, 1994, 30~31쪽, .

하지만 사마르칸트는 8세기 중엽 이슬람 세력에 점령되었고, 13세기에는 몽골의 침입으로 도시가 완전히 파괴되었다. 칭기스칸은 이 지역에 차가타이 칸국을 세워 통치했다. 도시가 다시 번영하기 시작한 것은 1370년에는 티무르가 제국을 건설한 후였다. 지금의 신시가지가 형성되어 융성하였고, 아프라시압 언덕의 남서쪽은 구시가지가 되었다. 티무르는 사마르칸트를 지상에서 가장 아름다운 도시로 만들고자 이란-호라산, 인도-호레즘, 아제르바이잔-아랍 등의 국가들에서 숙련된 장인들과 예술가들을 데려왔고, 건축용 석재도 가져왔다. 14~15세기에 지어진 건축물들은 견고한 벽돌과 타일, 석재들로 만들어져 수 세기를 이어서 전해지고 있다. 15세기 사마르칸트가 티무르 제국의 수도였을 때는 인구가 무려 40만 명에 달했다고 한다.

레기스탄 광장

레기스탄 광장과 마드라사

사마르칸트가 실크로드의 심장이라면, 레기스탄(Registan)은 사마르칸트의 심장이다. 페르시아어로 모래라는 뜻의 '레그(reg)'와 땅이라는 뜻의 '스탄(stan)'이 합쳐진 말로 '모래의 땅'이라는 뜻이다. 그리스의 아고라, 로마 제국의 포럼, 러시아의 붉은 광장과 마찬가지로 도시민들이 모이는 중앙 광장이다. 레기스탄은 부하라를 비롯한 페르시아 권역의 여러 도시에서도 볼 수 있지만, 사마르칸트의 레기스탄은 중앙아시아를 대표하는 유적지로 고유명사처럼 사용되고 있다.

6개의 방사형 도로가 연결된 레기스탄 광장은 티무르 시대에는 도시의 주요 상업 지역이었다. 그러나 동서북 세 방면이 울루그벡 마드라사(Ulugbek Madrasah), 틸라코리 마드라사(Tilla Kori Madrassah) 그리고 쉐르도르 마드라사(Sherdor Madrassah) 등 화려한 모자이크로 장식된 건축물들로 에워싸이면서 바자르의 성격을 벗어나 이슬람교의 신성한 장소로 변모했다. 이들이 만들어진 시기는 각각 다르다. 울루그벡 마드라사는 1417~1420년 사이에 티무르의 손자이자 천문학자인 울루그벡의 명령으로 제일 먼저 세워졌고, 나머지 두 건축물이 세워진 것은 이보다 2세기 후였다. 그중 사자상이 새겨진 쉐르도르 마드라사는 1619~1636년 사이에, 황금 장식의 틸라코리 마드라사는 1647~1660년 사이에 사마르칸트 바하도르(Samarkand Bahodur)의 통치자인 야한그도슈 바하도르(Yalangtush Bakhodur)에 의해 각각 세워졌다.

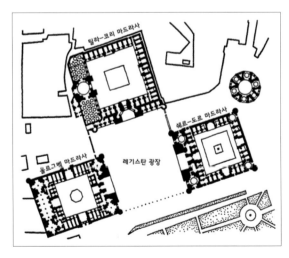

레기스탄 광장 배치도

🏛 울루그벡 마드라사

레기스탄 광장 서쪽에 자리잡고 있는 울루그벡 마드라사의 설계는 철저하고 완벽하다고 할 수 있다. 가로 56m, 세로 81m의 직사각형으로 네 군데의 모서리에는 각각 33m 높이의 미나렛(minaret)이라는 첨탑이 있다. 각 면은 2층 건물로 이루어져 있어 안뜰을 둘러싼다. 입구는 3개의 이완(iwan)으로 연결되어 있는데, 둥근 지붕에 세면은 벽이지만 한쪽 면은 아치형으로 완전히 열려 있는 직사각형 모양의 공간이다.

중정(中庭)은 가로 30m, 세로 40m나 되는 거대한 규모로 사방이 둘러싸인 갤러리다. 중정의 각 구석에는 돔으로 덮인 교실이 있다. 여기에는 55개의 기숙사 방이 있는데, 각각의 방에는 1명의 교사와 3명의 학생이 함께 숙식하며 공부했다. 갤러리의 중앙에도 이완이 있고, 서쪽으로는 마드라사 뒤쪽의 길고 좁은 모스크로 통한다. 여기에는 17세기 문서와 유럽 판화 등 여러 작품들이 전시되어 있으며, 매우 유럽적인 모습을 한 울루그벡의 판화도 볼 수 있다.

외벽은 모두 다양한 장식으로 덮여 있다. 대리석 석판 모자이크와 푸른 도자기 타일이 어우러져 빼어난 아름다움을 뽐내고 있다. 기하학적 문양, 코란의 경구와 식물 문양의 장식들은 놀라운 기술력과 색상으로 신비로움마저 자아내고 있다. 꽃무늬로 써진 아랍어와 비문도 있으며, 노란색과 갈색 바탕은 다양한 색상들을 더욱 강렬하게 만들고 있다. 정문의 피쉬탁(pishtaq)에는 푸른 별들이 장식되어 있어 천문학에 대한 울루그벡의 열정을 엿볼 수 있다. 별 아래에 있는 오각형 문양들은 당시 고도의 기하학적 지식을 바탕으로 만들어진 것이다.

울루그벡 마드라사 내부

울루그벡 마드라사

🏛 쉐르도르 마드라사

쉐르도르 마드라사(Sherdor madrasa)는 맞은편의 울루그벡 마드라사를 거울로 비춰보는 것처럼 대칭을 이루고 있다. 모든 점에서 서로 닮았지만, 나름대로의 독창성도 가지고 있다. 건축물은 넓은 중정을 2층으로 된 교실 건물이 둘러싼 구조로, 안팎의 벽체는 15세기 건축 양식에 기초한 다양한 색상의 모자이크와 아치형 벽감으로 장식되었다. 대부분의 마드라사들이 이슬람 문양을 기하학적인 도안으로 장식하고 있는데 비해, 이곳의 현관 아치는 독특하게도 인간의 얼굴을 한 태양과 사자가 묘사되어 있다. 사자 앞에는 두려움에 사로잡힌 어린양 혹은 사슴 한 마리가 그려져 있다.

쉐르도르는 '사자의 거주지'라는 뜻이다. 신성한 장소에 동물이나 사람들을 그리는 것이 금지된 이슬람의 전통에서 보면 이 마드라사는 분명 예외적이다. 사자가 먹이를 쫓는 것처럼 학생들이 지식을 쫓고, 사자가 포획한 동물을 잡아먹듯이 지혜를 흡수할 필요가 있음을 암시한다. 사람의 얼굴은 "당신이 포식자일지라도 불멸자가 아니라는 것을 기억할 필요가 있다"고 우리에게 경고를 보낸다. 이 그림은 우즈베키스탄의 200숨짜리 지폐에도 나온다. 1403년 스페인 카스티야 왕국의 대사 자격으로 아미르 티무르의 궁궐에 초대되었던 루이 곤잘레스 데-클라비호(Ruy González de Clavijo)는 샤흐리샵스를 방문했다. 그는 악사라이(Aksaray) 궁 전면에 그려진 태양과 사자와 어린 양의 그림을 보고 이는 고대로부터 투르크 민족에게 전해오는 상징이라고 기록했다. 따라서 쉐르도르 신학교의 이 그림은 파괴되기 전 악사라이 궁의 전면 장식을 복제한 것일지도 모른다.

쉐르도르 마드라사의 왼쪽 모서리에는 교실을 겸한 사원이, 오른쪽 모서리에는 또 다른 교실이 있으며, 이 둘은 원뿔형 돔으로 이루어져 있다. 마드라사에는 54개의 방과 4개의 여름 교실이 있지만 중정에는 울루그벡 마드라사와 같은 넓은 강당은 없다. 4면의 바깥쪽 모서리 중 전면 상부에 2개의 거대한 첨탑이 서 있고, 후면 상부에는 꽃무늬 장식들이 새겨져 있다. 건물의 전면 상단, 정원과 벽체 그리고 첨탑의 외부에는 풍부한 아치형 벽감과 세라믹 타일이 장식되어 있다. 이 건축물은 설립자의 이름을 따서 '야한그도슈 대(大) 마드라사'라고 부르기도 한다.

쉐르도르 마드라사

쉐르도르 마드라사 내부

쉐르도르 마드라사

🏠 틸라코리 마드라사

틸라코리 마드라사(Tillakori madrasa)는 야한그도슈가 쉐르도르 마드라사에 이어 카라반사라이가 있던 레기스탄의 자리에 두 번째로 세운 마드라사다.

레기스탄 광장의 북쪽에 세워졌으며, 정문은 광장을 바라보며 남쪽을 향해 있다. 정면은 중앙 출입구와 아치형 니치(niche) 그리고 양쪽으로 미나렛을 세운 2층짜리 건물이다. 널찍한 중정은 작은 기숙사 방들이 둘러싸고 있다. 안뜰 서쪽에는 기둥 위에 바짝 가까이 세워진 2개의 갤러리를 가진 모스크 돔을 세웠고, 남쪽에는 사원을 세웠다.

건물의 내외부는 다양한 색상의 타일로 장식했다. 특히 내부는 매우 우아한 벽감으로 장식되어 있다. 이 건축물에 틸라코리, 즉 '금 장식의'라는 수식어가 붙은 것은 벽감이 순금으로 도금되어 있었기 때문이다. 지금은 황금색 칠로 대신하고 있다. 쉐르도르 마드라사가 세워진 후 10년 만에 건축이 시작됐지만, 야한그도슈가 완공을 보지 못한 이 건축물은 '야한그도슈 소(小) 마드라사'라고 불리기도 한다.

틸라코리 마드라사

틸라코리 마드라사 천장 장식

틸라코리 마드라사 미흐랍

틸라코리 마드라사 미흐랍 장식

비비하늠 모스크

비비하늠 모스크(Bibi-Khanum Mosque)는 인도 원정에서 돌아온 티무르의 명에 따라 1399~1404년에 지어졌다. 티무르는 이 모스크에 자신이 가장 사랑하는 아내인 비비하늠의 이름을 붙였다. 그녀의 원래 이름은 사라이 물크-하늠(Saray Mulk-Khanum)이었다. 호레즘 남동부를 다스리고 있다가 차가타이의 아미르 카자간(Amir Kazagan, 1346~1358)에 의해 폐위당한 칸 카잔(Quan Kazan, 1343~1346)의 딸이었다. 그녀는 아미르 카자간의 손자 아미르 후세인(Amir Hussein, 1364~1370)의 아내가 되었고 후세인은 티무르의 매부가 되어 돈독한 동맹 관계를 유지했다. 하지만 티무르는 1370년 차가타이를 정복하고 후세인을 폐위시키고 말았다. 그리고 그의 미망인 물크-하늠을 아내로 맞이하면서 비비하늠이라는 이름을 부여했다. 그동안 '칸'이라 불리지 못했던 티무르는 몽골계 아내의 가문을 통해 스스로 칭기스칸의 후계자임을 자처하게 되었다.

티무르는 그동안 자신이 본 그 어떤 건축물보다 웅장한 모스크를 짓고자 했다. 이를 위해 500명 이상의 기술자들을 인도, 아랍, 아제르바이잔, 카메룬, 바스라, 페르시아, 바그다드와 기타 여러 나라에서 동원했다. 펜지켄트(Pendzhikent) 인근에서 채석 작업에 참여한 사람만 해도 500명에 달했고, 석재 운반을 위해서 쇠사슬로 연결한 코끼리가 100여 마리였다. 건축가들은 각자가 가지고 있던 오랜 경험을 마음껏 발휘해 세상의 어떤 건축물보다 더 아름답고 정교하게 지었다. 바닥에서부터 돔 천정에 이르기까지, 타일, 그림, 금박 그리고 대리석으로 화려하게 장식했다. 이는 그 웅장함은 물론이고, 당대의 과학, 학문과 문화, 기술력이 얼마나 높은 수준에 도달했는지를 보여주고 있다. 회당의 벽에 새겨진 코란의 경구들은 크고 거대해 2.5km 떨어진 거리에서도 충분히 읽을 수 있을 정도였다고 한다.

하지만 1897년 일어난 대지진으로 크게 무너진 건축물은 아직도 복구가 덜 된 상태라고 하니, 원래의 비비하늠 모스크는 지금보다 훨씬 화려하고 장엄했을 것이다. 외벽은 길이 167m, 폭 109m의 직사각형 영역을 둘러싸고 있어 당시 중앙아시아뿐만 아니라 이슬람 전체에서 가장 큰 모스크였다. 14세기에 건축된 카이로의 카산(Khasan) 모스크가 길이 60m에 폭 120m임을 생각하면, 비비하늠 모스크

비비하늠 모스크

비비하늠 모스크

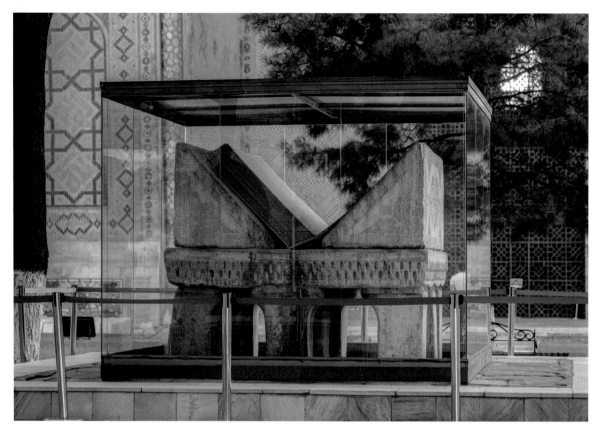

비비하늄 모스크 입구의 거대한 코란 독서대

의 크기를 짐작할 수 있다. 이는 동시대 서유럽에서 가장 큰 고딕 양식의 밀라노 대성당과 비슷한 규모다.

중정으로 들어가는 입구는 높이 35m에 달하는 쪽빛 돔을 비롯해, 직경 18m의 아치형 정문, 50m 높이의 둥근 미나렛이 양쪽으로 세워진 포털 형식으로 디자인이 되어 있다. 천장을 떠받치는 480개의 대리석 기둥과 250개의 작은 돔으로 이루어져 있는 대형 건축물로, 중정의 넓은 바닥에는 대리석이 깔려 있고, 사방은 회랑으로 둘러싸여 있나. 모든 방의 외부는 다양한 색깔의 유약 벽돌로 되어 있고, 복잡한 기하학적 디자인과 종교적 경구들로 화려하게 장식되어 있다. 인테리어는 대리석으로 처리했고, 모자이크로 고급스럽고 화려하게 꾸몄다. 완성된 모스크를 본 사람들은, 하늘이 없었다면 그 돔이 대신했을 것이고, 은하수가 없었다면 그 아치형 정문이 대신했을 것이라고 말한다.

한편, 비비하늠과 관련된 슬픈 전설도 있다. 티무르가 인도로 원정을 떠난 사이 비비하늠은 세상에서 가장 아름다운 모스크를 완성하고 싶었다. 하지만 비비하늠을 연모하고 있던 건축 책임자가 그녀에게 사랑을 고백했다. 비비하늠은 거절했지만 그는 막무가내로 자신의 마음을 받아줄 때까지 정문의 아치를 완성시키지 않겠다고 버텼다. 어느새 티무르가 귀국길에 올랐다는 소식을 듣고 마음이 급해진 비비하늠은 하는 수 없이 키스를 허용하고 말았다. 모스크는 완성되었지만, 그녀의 볼에는 키스 자국이 남았다. 내막을 알게 된 티무르는 건축가를 그 자리에서 처형하고, 비비하늠은 미나렛에서 내던져 죽게 만들었다. 이후 티무르는 제국의 여성들에게 천으로 얼굴을 가리도록 특명을 내렸다고 한다.

샤흐리샵스

샤흐리샵스(Shakhrisyabz)는 사마르칸트에서 남쪽으로 약 80km 떨어진 도시로 아무르 티무르가 태어난 곳이기도 하다. 녹색의 도시라는 뜻의 이 작은 도시는 원래 '케슈(Kesh)'라는 이름으로 불렸으며, 티무르의 삼촌인 호자 바를라스(Khoja Barlas)가 다스리고 있었다. 지금의 샤흐리샵스는 깨끗하고 반듯한 전형적인 계획도시의 모습이다. 광장에는 티무르의 거대한 청동 동상과 함께 당시 건립된 악사라이(Aksaray) 궁전의 일부가 남아 있다. 티무르에 대한 우즈베키스탄인들의 존경과 사랑을 대변하듯 이곳은 늘 사람들로 북적이며, 그들의 성지로 정착됐다. 이 궁전은 대권을 거머쥔 티무르가 사마르칸트에 제국의 기반을 마련하고 강력한 친위부대를 꾸려 대외정복에 나설 즈음에 건립되기 시작했다.

'악(Ak)'은 백색, '사라이(Saray)'는 숙소를 뜻하는 말로 '백색의 궁전'으로 읽히지만, 이름과는 달리 실제로는 푸른색과 황금색 타일로 세워졌다. 일부만 남아 있는 악사라이 궁전의 정문은 아치 모양으로 원래 그 높이가 50m가 넘었다지만 지금은 38m만 남았다. 기둥에는 "누가 내 힘을 의심하면 내가 지은 이 궁전을 보여줘라"는 티무르의 호기 어린 한 마디가 아랍어로 새겨져 있다. 이 화려한 유적에는 끔찍했던 역사의 단면도 전해진다. 아치문의 동쪽 원주에는 아랍어로 "술탄은 알라의 그림자다"라고 쓰인 반면, 서쪽 원주에는 '알라'라는 단어를 빼먹은 채 "술탄은 그림자다"라고 새겨져 있다. 단순한 건축가의 실수였는지는 알 수 없다.

티무르가 세상을 정복한 후 고향으로 돌아와 여생을 보내려고 지었던 악사라이는 원래의 희망과는 달리 처음에는 영묘로 사용되었다. 티무르의 손자로서 왕위 계승자였던 무함마드 술탄이 죽자 처음에는 그의 시신을 안치했지만, 이 영묘가 마음에 차지 않은 티무르는 다른 영묘 구르 아미르를 신축하도록 명령했다. 그러나 이 영묘가 완성되기 전인 1405년에 티무르가 죽었고 그 역시 손자가 묻혀 있던 악사라이에 안치되었다. 할아버지와 손자의 시신은 나중에 구르 아미르 영묘가 완성된 이후 그곳으로 이장되었다.

티무르 동상. 악사라이 궁전터(ⓒ안상호)

악사라이 궁전(ⓒ안상호)

울루그벡 천문대

울루그벡 천문대는 아미르 티무르의 또다른 손자로 위대한 천문학자였던 울루그벡(Ulugbek, 1394~1449)에 의해 1423~1428년 경에 지어졌다. 그는 사마르칸트에 천문대를 건설키로 하고, 설치할 장비들은 어떤 오차도 있어서는 안 된다고 생각해 모든 준비에서 완벽을 기했다. 이를 위해 바그다드(Bagdad)와 다마스쿠스(Damaskus), 이스파한(Esfahan)과 마라게(Marageh) 등에 세워진 천문대의 설계도를 분석하고, 그곳에 설치된 장비들을 철저히 연구했다. 그중에서도 울루그벡은 13세기 말 이란의 몽골 일칸 왕조(Ilkhanate, 1256~1335)가 마라게에 세운 천문대를 직접 방문하였을 정도다. 울루그벡 천문대는 사마르칸트 북쪽에 있는 강 언덕 위에 세워졌다. 빠른 걸음으로 걸으면 아프라시압에서 산 속으로 10분 거리에 있다.

그러나 1449년 울루그벡이 아들에 의해 비극적으로 살해되자 천문대 역시 방치되었으며, 학문적 연구도 중단되었다. 천문대는 폐허가 되어 거의 500년 이상 아무도 정확한 위치를 알지 못했다. 그러다 1908년 러시아의 고고학자 블라디미르 뱌트킨(Vladimir Vyatkin)의 노력으로 다시 빛을 보게 되었다. 그는 반경 40m 크기의 사분의(四分儀, quadrant) 지하 유적을 찾아냈다. 거대한 천문대의 벽체와 홈이 파인 사각의 석재를 원형 그대로 발굴해낸 것이다. 발굴 작업으로 천문대가 3층 구조의 원통 모양이었다는 것이 밝혀졌다. 사분의는 태양, 달 그리고 천체들을 관측하고 천체의 진행을 도표화하는 데 사용된 것으로, 아래층에 설치되어 있었고, 위층에는 도서관, 휴게실, 학문 연구를 하는 작은 방들이 있었다.

여기서 발견된 사분의는 세계에서 가장 큰 90° 사분의지만, 60°만 사용되었기 때문에 육분의(六分儀)라고 불린다. 지진의 위험을 최소화하기 위해 암석에 깊숙이 박아 놓은 11m 높이의 아크(arc)는 3층 건물의 꼭대기에서 그 반경이 완성되었다. 건물이 높지는 않았지만 원호(圓弧)의 크기를 최대화하여 사분의의 방향을 정확히 잡을 수 있도록 했다. 그것은 지평선에서 태양을 정확하게 측정할 수 있었고, 별의 고도나 다른 행성들도 측정할 수 있었다. 뿐만아니라 한 해의 지속 시간, 행성의 주기, 일식을 측정했다. 당시의 이런 측정은 오늘날의 측정 결과와 거의 일치할 만큼 그 정확성은 경이적이라고 할 수 있다.

MIRZO ULUGBEK
1394 - 1449

울루그벡 동상. 울루그벡 천문대 앞

울루그벡은 60명이 넘는 당대의 뛰어난 수학자와 천문학자들을 이곳으로 불러들였고, 그중 잠시드 알 카시(Jamshīd al-Kāshī)에게 이 천문대의 첫 번째 책임자 역할을 맡겨 천문학에 대한 국제적인 연구가 이루어질 수 있는 발판을 마련했다. 그들은 이 사분의를 활용하여 1,018개 별들의 움직임을 도표로 만든 항성 목록을 작성했는데, 이 목록은 17세기 옥스퍼드에 알려져 지금도 여전히 연구가 이루어지고 있다. 여기서 발굴된 모든 유물 잔해들은 길 건너편 작은 박물관에 보관되어 있다.

(좌·우) 혼천의. 울루그벡 천문대(©조미경)

울루그벡 천문대

울루그베크 천문대 내부

사마르칸트의 영묘

🏛 샤흐진다 앙상블

샤흐진다(Shahizinda)는 사마르칸트에서 가장 신비롭고 독특한 건축 단지 가운데 하나로 '살아있는 왕'이라는 뜻으로 티무르 왕족들과 귀족들의 묘지이다. 14~15세기에 조성된 11개의 영묘로 구성되어 있으며, 비비하늠 모스크에서 멀지 않은 아프라시압의 남쪽 언덕에 자리잡고 있다. 전설에 의하면 이곳의 역사는 예언자 무함마드의 사촌인 쿠삼 이븐 압바스(Kussam ibn Abbas)와 관련이 있다. 그는 예언자의 얼굴을 직접 본 마지막 인물로, 676년 조로아스터교를 신봉하는 소그디아나 지역을 개종시키기 위해 이곳에 도착했다. 기도를 하던 어느 날 조로아스터 교도의 습격을 받고 머리가 잘린 그는 자신의 머리를 들고 동굴로 도망갔으며, 사람들은 그가 지금도 그곳 지하에 살아 있다고 믿는다. 동굴 입구에 그의 이름으로 무덤이 조성되고, 그 위에 영묘(靈廟)를 세운 것은 11세기에 이르러서다. 화려하게 장식된 쿠삼 이븐 압바스의 영묘는 앙상블 중간 지점의 골목길에 들어서면 만날 수 있다. 하지만 실제로는 쿠삼이 사마르칸트에 온 적이 없다. 아마도 이슬람 이전 시기부터 지하에서 저승 세계를 다스리는 왕이 있다는 전설이 차용되었을 것이다.

돔 지붕이 빛나 "사마르칸트의 진주"라고도 불리는 이곳의 모든 영묘는 각각 다르게 지어져 같은 것이 하나도 없다. 그러나 전체적으로는 통일된 형태를 이루어 하나의 완벽한 유적 앙상블을 이루고 있다. 유약을 바른 벽돌, 마졸리카 타일 및 조각된 모자이크로 장식의 정사각형 현관이 인상적이다. 전체 앙상블이 마무리되는 지하실 정문에는 다음과 같은 문구가 새겨져 있다. "이 장엄한 건축물은 울루그벡의 아들이자 티무르의 증손자인 압둘라지즈칸에 의해 1434~1435년에 세워졌다." 화려하게 장식된 쿠삼 이븐 압바스의 영묘는 앙상블 중간 지점의 복도를 들어서면 만날 수 있다.

샤흐진다 앙상블

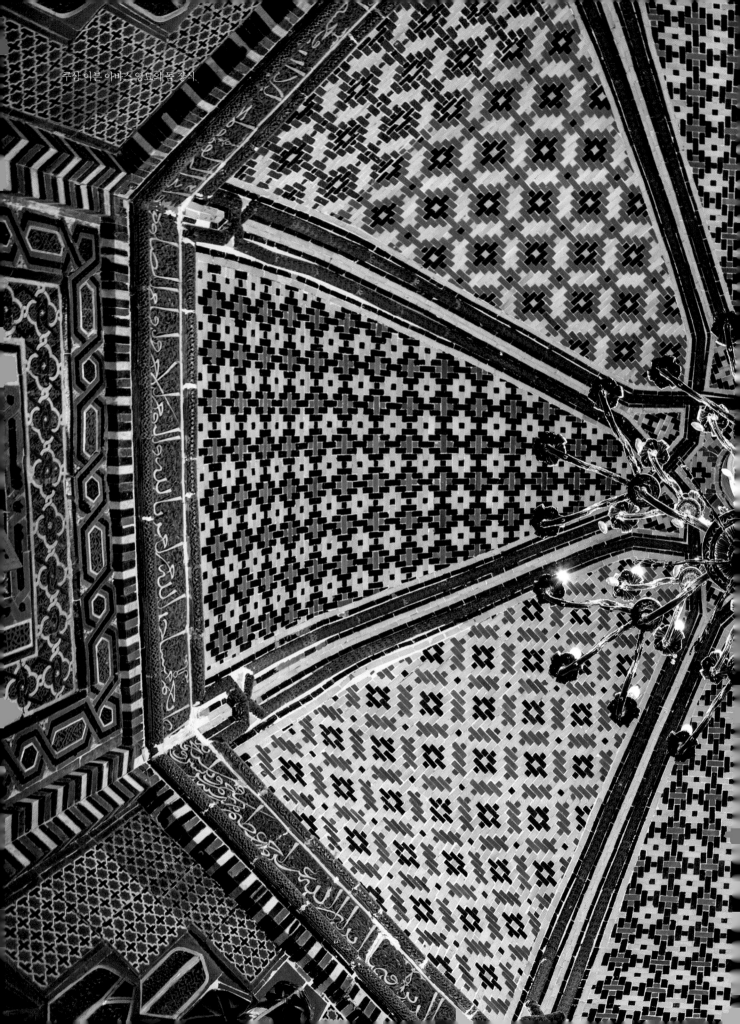

구삼 이븐 아바스 영묘의 돔 장식

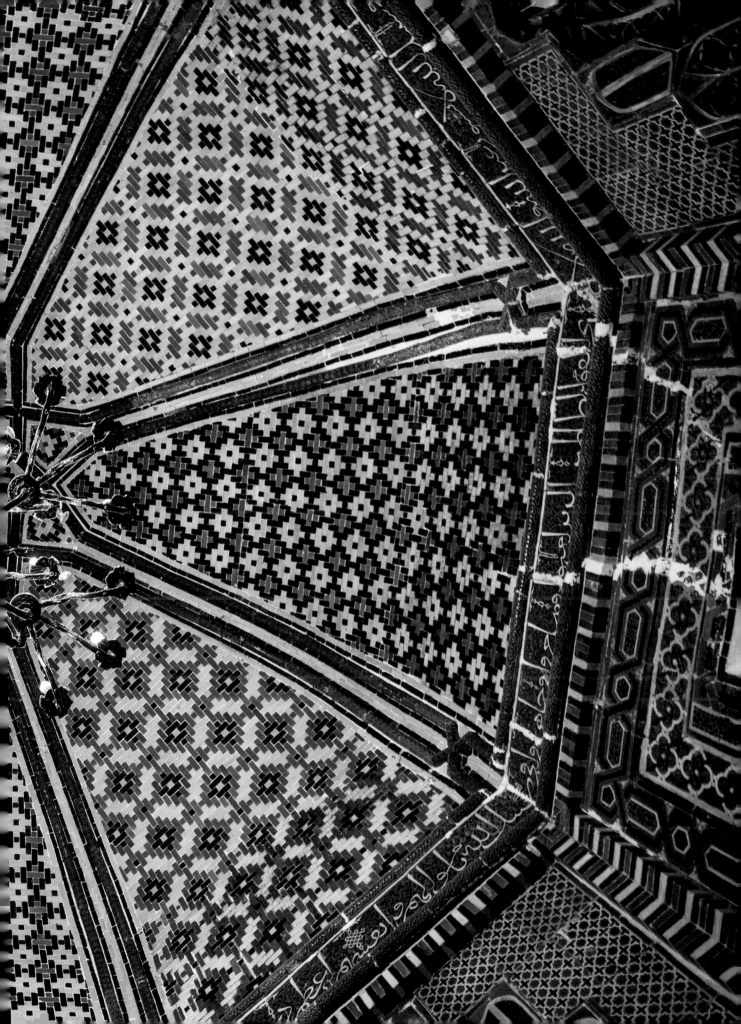

샤흐진다 앙상블

샤흐진다 앙상블의 천장 장식과 영묘

샤흐진다 앙상블

🏛 구르 아미르 앙상블

'구르(Gur)'는 묘, '아미르(Amir)'는 지배자라는 뜻이니, 구르 아미르(Gur-Amir)는 '지배자의 묘'라는 뜻이다. 1405년 명(明)나라를 정벌하려고 떠났다가 오트라르(Otrar)에서 병사한 티무르와 그의 손자 무함마드 술탄이 묻혀있다. 이들은 원래 샤흐르샵즈의 악사라이에 묻혔다가 나중에 구르 아미르 영묘가 완성된 후에 이 곳으로 이장이 되었다.

선조들의 영묘인 구르 아미르는 17세기에 티무르 왕조의 후예이자 무굴제국의 6대 황제인 아우랑제브(Avrangzeb, 1618~1707)가 코끼리 한 마리가 싣고 갈 만큼 많은 양의 순금을 기증하여 복원이 이루어졌다. 바닥의 돔은 전통 모자 돕피(Do'ppi) 모양의 독특한 형태를 취하고 있다. 벽체의 거친 석재는 습기에 강한 혼합물로 마감되었고, 건물 벽은 회반죽 혼합물의 구운 벽돌로 쌓았다. 묘실의 실내 장식은 매우 섬세하고 우아하게 마감되었다. 바닥에는 대리석을 깔았고, 벽면의 하단은 투명한 대리석 판으로 덮었으며, 상단에는 조각한 기둥 모양의 대리석으로 꾸몄다. 대리석 장식판 위에는 코란의 경구들을 황금 물감으로 기록했다. 벽면의 상단과 하부 돔의 표면은 금장식을 했으며 벽감은 조각 타일로 마감했다. 외부 돔의 겉에는 섬세한 주름을 만들어 푸른색 타일을 세로로 붙였다.

구르 아미르 앙상블은 정면 장식벽을 통해 진입하면 만나게 되는 정방형의 정원, 그 동쪽에는 무함마드 술탄 마드라사, 남쪽에는 구르 아미르 영묘, 서쪽에는 순례자들을 위한 객관과 조리실로 구성되어 있다. 중정의 네 모퉁이에는 4개의 첨탑이 있었으나 하나가 무너졌다. 중정의 사면은 모두 정면과 동일한 모양으로 꾸며져 있다. 구르 아미르 앙상블의 재정비는 20세기에 와서야 이루어졌다.

영묘 안에는 모두 9개의 석관이 십자 모양으로 배열되어 있다. 티무르의 흑갈색 석관을 중심으로 주위에 그의 두 아들 샤 로흐와 미란샤, 두 손자 울루그벡과 무함마드 술탄 그리고 스승인 사이드 바라카(Mir Said Baraka, 1343~1403)의 관들이 함께 놓여 있다. 놀라운 것은 티무르의 석관이 크고 화려한 스승의 대리석 석관 발치에 작은 모습으로 남아 있는 것이다. 이것은 티무르가 원하던 바였다. 그는 스승을 평생 존경했고, 그가 죽은 이후에도 온갖 예의와 정성을 다해 모셨다. 그런데 이 관들은 모두 속이 비어 있는 가짜다. 진짜 관들은 4m 지하에 바로 그 위치

구르 아미르 앙상블(©조미경)

구르 아미르 앙상블

구르 아미르 내부의 천장 장식

에 그대로 배치되어 있다. 비좁은 통로로 들어갈 수 있도록 되어 있는 진짜 묘실의 실체가 밝혀진 것은 매장한 지 500여 년이 지난 1941년 구소련 고고학자들에 의해서였다.

🏠 루하바드 영묘

여기에는 예언자 무함마드의 머리카락 몇 가닥이 놋그릇에 보관되어 있다는 전설이 있다. 이 건축물을 '영혼이 거주하는 곳'이라는 뜻의 "루하바드(Ruhabad)"라고 부르는 이유다. 구르 아미르 영묘에서 북측으로 향하면 티무르가 14세기 후반에 세운 것으로 추정되는 루하바드 영묘에 이르게 된다. 정방형의 기단 위에 팔각형으로 한 층을 더 건축했으며, 그 위에 돔을 얹었다. 돔을 중심으로 한 벽돌 건축물은 정육면체, 중심축에 창이 달린 팔각형, 그리고 다시 그 위에 구형(球形) 돔이 놓여 있다. 정면에는 조각된 테라코타(terra cotta) 모양의 타일로 테두리를 한 아치형 입구가 돋보인다. 루하바드의 형태와 건축 방식은 중앙아시아에서 11~12세기에 나타난 건축 양식과 유사하다. 당시에는 영묘에 푸른 타일과 장식을 입히는 것이 전통으로 자리잡지 않은 상태였기 때문에 매우 소박한 형태다.

이곳에 묻힌 사람들은 신비주의자 셰이크 부르하네딘 사가르지(Sheikh Burhaniddin Sagarji)와 그의 아들을 포함한 후손들이다. 셰이크는 14세기에 사마르칸트의 북서부 사가르지 지역에서 태어나 자란 후 바그다드로 향했다. 그곳에서 누리딘 바시르(Nuriddin Basir)를 만나 제자가 되었고, 신비주의에 관한 비밀을 전수받았다. 메카와 바그다드에서 셰이크의 명성이 높아져 갔고, 그의 신앙과 지식은 백과사전의 수준에 이르렀다. 셰이크는 중국으로 떠나 그곳에서 오래 거주하면서 황제들의 존경을 받았다. 실제로 그는 겸손하게 살았고, 항상 경건한 자세로 살았다. 그리고 다시 사마르칸트에 돌아와서 루하바드에 묻혔다.

(좌) 루하바드 영묘
(우) 루하바드 영묘 내부

🏠 아부 만수르 알 마투리디 영묘

아부 만수르 알 마투리디(Abu Mansur Al-Maturidi)는 이슬람의 순수성을 주장하는 수니파의 마투리디 신학을 창시한 사람이다. 그는 '올바른 길' 혹은 '올바른 깃발 알 쿠다'라는 별명으로 불리기도 한다. 사마르칸트 근교의 작은 마을에서 태어났으며, 그의 무덤은 사마르칸트의 초카르디자(Chokardiza) 공동묘지에 자리잡고 있다. 여기에는 천 명 가까운 학자들과 성직자 그리고 왕족들이 잠들어 있으며, 소그드어로 '용병들의 요새'라는 뜻이다. 실제로 중세 때는 이곳에 도시를 방어할 목적으로 보루가 세워졌다.

초카르디자 공동묘지의 전체 면적은 4.5ha로 이곳의 일부 묘지들은 5~6층에 이른다. 마투리디의 무덤 위에는 웅장한 영묘가 조성되어 있는데, 너비가 가로 12m, 세로 12m에 높이가 17.5m에 달한다. 2개의 돔 가운데 바깥쪽 돔은 뼈대가 있고 유약을 입힌 푸른 마졸리카(Majolica)로 장식되어 있으며, 기단은 24개의 아치와 전통적인 격자 구조다.

영묘 내에는 그에게 헌정된 대리석 묘석이 있고, 그 묘석에는 그의 언행록이 다음과 같이 기록되어 있다. "사람이 죽고 나면 모든 행동도 정지된다. 하지만 그가 생전에 행한 3가지 행위에 대한 결과는 멈추지 않고 이어지나니, 첫째는 그가 행한 자선이요, 둘째는 그가 연마한 학문 활동이며, 셋째는 그가 남긴 자손들을 통한 사회봉사다." 화려하게 장식된 영묘의 남쪽과 북쪽의 출입문에도 "살아 있는 자들에게 천국의 문은 열려 있다. 죽은 자들에게는 알라의 자비가 나타나리라"는 문장이 새겨져 있다. 이 신비로운 영묘에는 수천 년을 이어온 우즈베키스탄의 건축술이 집약되어 있다 해도 과언이 아니다.

아부 만수르 알 마투리디 영묘 내부

아부 만수르 알 모투리디 영묘

❀ 부하라: 종교가 만나는 곳

황톳빛 사막도시의 옛 정취를 고스란히 간직하고 있는 부하라(Bukhara)의 지표 아래에는 수천 년의 역사가 차곡차곡 쌓여 있다. 시대의 변화에 따라 옛것을 부수고 새로운 것을 세우는 방식 대신 옛 도시 위에 새로운 역사를 쌓아올리는 방식을 택한 부하라는 도시 전체가 20m에 달하는 문화적 중층으로 유적군을 이루고 있다. 유적군의 가장 아랫부분은 기원전 4세기부터 시작해 기원후 4세기까지의 고대 문화층이, 상층은 7세기부터 17세기에 이르는 중세 문화층이 형성돼 있다. 따라서 도시의 건축물들은 조성된 시기에 따라 기단의 높이가 조금씩 다르다.

비옥한 오아시스와 교역로의 교차로에 위치한 부하라는 큰 번영을 누렸다. 파미르 고원의 한 지맥에서 발원해 서쪽으로 흐르는 제라프샨강을 끼고 있으며, 기원전 4세기에는 에프탈(Ephtalite) 제국으로 편입되었다가 7세기 말 아랍에 정복당했다. 부하라는 산스크리트어로 '비르하라(Virhara)' 즉 불교의 수도원이라는 뜻이다. 이슬람 시대에 들어서는 줄곧 성스러운 부하라라는 뜻의 '부하라 샤리프(Buhara Sharif)'라 불렸고, 고대 중국에서는 안국(安國)이라 불렸다. 이 고대 도시의 크기는 거의 40ha에 이르며 거대한 직사각형의 흙 둔덕으로 북서 지구에는 지배자들의 거주지인 성채가 남아 있다. 성벽은 13km에 달하고, 흙과 벽돌로 축조되었다. 모두 11개의 문이 있었으나 지금은 하나만 남았다.

고대 부하라는 기원전 2세기에 이미 동전을 주조했고, 조로아스터교와 불교가 융성하였다. 8세기에 이르러 이슬람을 주요 종교로 삼았으며, 바그다드 칼리프조의 주요 문화 중심지가 되었다. 무함마드 이븐 이스마일 알부하리(Muhammad ibn Ismail al-Bukhari, 810~870)가 이슬람 연구의 메카로 만들었고, 수피즘의 대가들인 아흐메드 야사위(Ahmed Yassawi, 1093~1166), 바하 알 딘(Baha-ud-Din, 1318~1389)이 창시한 종단인 낙쉬반느(Naqshband) 등이 등장하면서 부하라는 중앙아시아 최대의 종교도시가 되었다. 우즈베키스탄에는 "세상의 모든 빛은 하늘에서 땅으로 내려오지만, 사마르칸트와 부하라에서는 빛이 땅에서 하늘로 비친다(In all the other parts of the world

카펫 시장과 향신료 시장. 부하라

light descend upon earth, From holy Samarkand and Bukhara, it ascends)"는 속담이 있다. 부하라가 가진 경관의 아름다움뿐만 아니라 정신문화의 전통을 찬양하는 말일 것이다.

부하라는 1220년 몽골의 침략을 받아 몰락한 후 1370년 티무르 제국의 일부가 되었다. 15세기 말 티무르 제국이 기울면서는 무하마드 샤이바니 칸(Muhammad Shaybani Khan, 1451~1510)이 이끈 우즈벡 유목 부족에게 점령당했다. 그리고 샤이바니의 계승국이자 3개의 칸국인 부하라, 히바 그리고 코칸드를 통해 우즈베키스탄의 중심을 이루며 사마르칸트까지 세력을 확장했다. 17세기 후반부터는 세력이 약화되어 19세기 후반 러시아 제국에 편입되었다. 부하라는 38개의 대상(隊商) 숙소, 6개의 교역장, 16개의 공중목욕탕 그리고 45개의 시장을 보유하고 있었으며, 200개가 넘는 모스크와 100개 이상의 마드라사를 가진 거대 도시였다.

처음 도시가 세워진 이후 한자리에서 변화와 발전이 계속되고 있는 부하라는 지금도 지하 층에서 옛날의 주거지와 건물들이 발굴되고 있다. 오늘날 부하라의 도시 경관은 이 도시가 거쳐 온 역사를 고스란히 보여준다.

아르크 고성

아르크(Ark)는 페르시아어로 성채라는 의미로 부하라의 발상지며 국가의 기둥 혹은 기반을 상징하는 곳이다. 기원전 400년에 건설되어 여러 차례 파괴와 복원을 거듭했는데 지금의 성곽은 18세기 부하라 칸국 시대의 것이다. 원래 모습의 5분의 1만 남아 있어 궁전, 사원, 재무국, 행정관서 그리고 감옥만 볼 수 있다. 성문은 2개이고, 성벽의 높이는 16~20m, 길이는 780m, 성곽 내의 내부 면적이 4ha에 달한다. 이 성은 방어에 유리하도록 언덕 위에 세워졌는데, 축성에 사용된 흙은 주로 키질쿰 사막에서 운반해 온 것들이다.

서쪽 문을 통해 고성으로 입성하면 성문 주위에는 죄수를 가두었던 감옥이 있으며, 그들의 감옥생활을 재현한 밀랍 인형이 설치되어 있다. 성내에 사원이 모두 3개였는데, 18세기 초반에 세워진 것이 유일하게 남아 있다. 접견실은 아르크의 구조물 중 원래의 모습을 가장 완벽하게 유지하고 있다. 입구를 지나 긴 회랑에는 나무 기둥이 열을 지어 있다. 전면의 중앙에 왕좌가 놓여 있는데, 4개의 대리석 기둥으로 둘러싸여 있다.

아르크 고성

아르크 고성

아르크 고성 내부 접견장

차르 미나르

차르 미나르(Charminar)는 칼리프 니야즈-쿨 마드라사라고도 알려져 있는데, 마드라사는 지금 사라지고 없다. 1807년 세워진 이 건물은 그래서 가끔 마드라사로 통하는 문으로 오해가 되기도 하는데, 사실은 제사와 거주지의 기능을 가진 건축물일 뿐이다. 외양이 독특하기는 해도 실내는 전형적인 모스크 형태를 띄고 있다. 지붕이 반원형인 것으로 미루어 수피들이 예배를 드릴 때 코란을 암송하는 소리나 악기 소리가 매우 효과적이었을 것으로 짐작된다. 또한 양옆에는 사람이 살 수 있도록 여러 방이 있었을 것으로 짐작된다. 하지만 교실이나 실험실 같은 게 없어서 완전한 마드라사의 형태라고는 할 수가 없고, 그곳에서 실제 교육활동이 전개되었는지의 여부도 확실치 않다. 그저 학생들의 생활 보호 시설이었다고 할 수 있을 것이다.

이 건축물은 4개의 첨탑으로 이루어져 있지만 미나렛(minaret)은 아니다. 세 개의 첨탑은 창고로 사용되었고, 나머지 하나는 꼭대기까지 올라갈 수 있는 계단으로 되어있다. 공통된 것은 이 네 탑의 지붕이 모두 푸른색 세라믹 타일로 되어있다는 것이다. 특이한 것은 이 네 개의 탑이 모두 다르게 장식되어 네 개의 종교들이 공존한다는 사실을 나타내고 있는듯하다. 조로아스터교와 이슬람을 상징하는 문양은 물론이고, 어떤 것은 십자가와 물고기 문양으로 기독교를 연상시키는가 하면, 기도 바퀴 문양은 불교를 연상시킨다. 실제로 부하라는 중앙아시아 불교의 중심지였고, 한때는 조로아스터교가 국교였으며, 대규모의 유대인이 정착했던 곳이다. 동서 문명의 교류를 통해 다양한 민족들이 부대끼며 함께 살던 기회의 땅이었던 이 오아시스 도시에 무슬림들이 새롭게 주인이 되면서 기존의 종교문화를 이해하고 존중하고자 하는 의지의 표현인 것처럼 보인다.

차르 미나르 마드라사

랴비하우즈 앙상블

랴비하우즈(Lyabi Hauz)는 저수지 혹은 연못을 뜻한다. 소비에트 시대까지만 해도 부하라에는 이런 연못이 100여 개가 있었다고 하나, 지금은 다 폐쇄되고 3개만 남아 있다. 저수지 물이 전염병 창궐의 원인이 되었기 때문이다. 랴비하우즈가 살아남게 된 것은 주변을 에워싸고 있는 쿠켈다쉬(Kukeldash) 마드라사, 나지르 지반베기(Nadir Divan-begi) 마드라사 그리고 수피들의 숙소인 하나카(Khanaka) 등 3개의 건축물로 이루어진 앙상블 덕택이었다. 이들은 17세기 당시 지역 행정관이었던 나지르 지반베기의 도시 계획으로 조성되었다. 그는 부하라를 종교도시로, 그리고 무역도시로 탈바꿈시키고자 했다. 연못가에는 이제 고목이 된 뽕나무 몇 그루가 그늘을 만들어 사람들에게 휴식처를 제공하고 있다.

쿠켈다쉬 마드라사는 1568~1569년에 지어져서 랴비하우즈 내의 건축물 가운데 가장 오래되었을 뿐만 아니라 건축 양식 또한 매우 특이하다. 이는 중앙아시아에서 가장 큰 규모(가로 60m, 세로 80m)이다. 벽돌 외관은 우아한 내부 기와와 복잡한 볼트 시스템을 감추어 준다. 다른 모든 마드라사들과 마찬가지로 출입문을 크고 화려하게 장식했으며 중정은 각진 사각형 형태였다. 그런데 쿠켈다쉬 마드라사는 단단한 벽을 세우지 않고, 벽토 장식을 한 벽감과 발코니로 대신했다. 널찍한 중정의 둘레는 아래위 모두 160개의 작은 방들이 빙 둘러가며 채우고 있다.

나지르 지반베기 마드라사는 1622년에 건립된 건축물로 현관과 탑의 증축이 이루어져 종교적 색깔을 드러내고자 했지만, 모스크도 강의실도 없어서 지금까지도 제대로 마드라사의 모습을 갖추지 못하고 있다. 하지만 입구의 위쪽 반원형 벽에 그려진 커다란 새 두 마리가 사람 얼굴 모양의 태양을 향해 날아가는 정면의 모자이크 타일 그림에 주목할 필요가 있다. 이 신비로운 새들은 두 마리의 흰 사슴을 발톱에 감고 날아오르는 환상적인 모습을 하고 있다. 사마르칸트의 쉐르도르 마드라사의 그림과 닮기도 했지만, 우상숭배를 금해 사람 또는 동물의 모습을 새기거나 조성하는 것조차 엄격히 금지하는 이슬람에서, 그것도 성직자를 양성하는 신학교 정문에 이 같은 그림을 새겨 넣은 것은 매우 파격적이다. 이는 금기에 맞서고 있는 매우 극적인 장면이기도 하다. 사람의 얼굴 모양을 한 태양은

(상) 랴비하우즈 앙상블
(하) 쿠켈다쉬 마드라사

정통 경건주의자들을 깜짝 놀라게 했을 것이다. 그 놀라움은 오늘날 마드라사의 방에는 화려한 판매용 수공예품이 넘쳐나고, 안뜰에서는 밤마다 노래와 춤 공연이 열릴 때도 마찬가지가 아닐까? 그 파격은 나지르 지반베기가 마드라사 정문 양쪽에 남겨 놓은 다음과 같은 문구를 통해 어느 정도 이해할 수 있을지도 모르겠다. "우리는 모두 친구다. 널리 교류하자."

하나카는 수피들의 숙소였다. 2층으로 지어진 하나카의 가운데는 십자가 모양의 모스크가 있으며 각층에 방이 네 개씩 있어서 수피들이 명상을 위해 사용할 수 있도록 제공되었다. 모스크는 우아하게 꾸며져 여러 다양한 색깔로 장식된 미흐랍도 있다. 지반베기가 부임할 당시 이곳은 금욕과 수도생활에 생을 바치는 수피들이 너무 많아 큰 골칫거리였다. 부하라의 종교적 이데올로기가 아무리 강하다 할지라도 길에서 먹고 자면서 생활하는 이들이 너무 많아 많은 문제가 일어날 수밖에 없었다. 이들을 위해 지어진 숙소가 바로 하나카였다. 나중에는 대상들을 위한 숙소로도 활용되기도 했다.

나지르 지반베기 마드라사와 하나카 사이에 당나귀를 타고 있는 '지혜로운 바보' 호자 나스렛딘(Khodja Nasredin)의 동상이 서있다는 것도 아이러니가 아닐 수 없다. 13세기 셀주크 투르크 시대의 이슬람 현자인 그는 우즈베키스탄에서 고통받는 대중을 대변하는 인물로 알려져 있다. 그는 위대한 정복자 아미르 티무르가 그를 만났을 때 이렇게 물었다: "내가 이 지역을 맡고 나서는 아직까지 페스트가 없었네. 이에 대해 어떻게 생각하는가?" 나스렛딘은 다음과 같이 답했다. "신의 은총이지요. 신은 한 곳에 두 가지의 불행을 동시에 보내지 않기 때문입니다."

호자 나스렛딘 동상. 나지르 지반베기 마드라사 앞

나지르 지반베기 마드라사

포이-칼랸 앙상블

포이-칼랸 앙상블(Poi-Kalyan Ensemble)은 "대왕의 왕좌" 혹은 "칼랸 미나렛의 기단"이라는 뜻이다. 부하라 중심부에 있는 4개의 바자르가 교차하는 길에 위치해 있으며, 4개의 기념물로 구성되어 있다. 칼랸 모스크(Kalyan Mosque)와 미르-아랍 마드라사(Miri-Arab Madrasah)가 마주 보고 있으며, 그 사이에 칼랸 미나렛이 있다. 그리고 미르-아랍의 남쪽에는 자그마한 아미르-알림칸 마드라사(Amir-Alim Khan Madrasah)도 있다. 칼랸 미나렛(Kalyan Minaret)은 1127년 카라한 왕조의 아르슬란(Arslan) 왕이 세웠다. 칭기스칸의 침략에도 살아남은 부하라 역사의 증인이자 상징이다. 칼랸은 페르시아어로 '크다'는 뜻이다. 낮에는 종을 쳐서 5차례의 예배 시간을 알려주었고, 밤에는 불을 켜놓아 그 불빛을 이정표 삼아 대상들이 지나갈 수 있도록 했다. 등대 기능을 했고, 초소의 기능도 겸했다. 또한 사형수를 자루에 넣어 탑 위에서 던졌던, 죽음의 탑이기도 했다. 땅속 10m 깊이에 뿌리박은 이 첨탑은 기단부의 지름이 9m이며, 높이는 47m에 이른다. 원통형의 탑신은 14층으로 나누어 여러 벽돌을 다르게 쌓아올리는 방식으로 장식돼 있다. 위로 올라갈수록 좁아지는 탑신 내부에는 105개의 나선형 계단이 꼭대기까지 이어진다. 꼭대기에는 16개의 아치형 등화창이 빙 둘러 조성돼 있다.

칼란 미나렛

칼랸 모스크

 칼랸 모스크(Kalyan Mosque)는 길이 178m, 폭이 78m에 달하며, 중정은 1만 2천 명의 신도들을 한꺼번에 수용할 수 있는 크기이고, 출입문도 7개나 된다. 중앙아시아에서 두 번째로 큰 사원으로 칭기스칸에게 점령당하기 전에는 목조 사원이었다. 2개의 푸른 돔을 가진 지금의 모습은 1541년에 완성되었다. 모스크의 예배 소리가 건물 곳곳에 전달될 수 있도록 중정의 바깥쪽에 288개의 아치형 지붕으로 이뤄진 회랑이 조성되어 있다. 중정에는 4개의 이완이 축을 형성하고 있고, 본관에는 더 큰 아치형 이완이 동쪽을 향하고 있다. 왼쪽 회랑에 위치한 우물은 중

칼랸 모스크 내부 몽골 침입시 희생된 700명의 어린이 위령탑

앙아시아에서 가장 오래된 것으로 1300년의 역사를 가지고 있다. 외부에는 주로 청색과 백색의 타일 모자이크, 식물 모티브 등 여러 종류의 디자인이 줄지어 있다. 그리고 건물 안에는 유약을 바른 벽돌 등 티무르 시대 후기에 해당하는 전통 예술 형식으로 장식되어 있다.

칼랸 모스크

미르 아랍(Mir-i Arab) 마드라사는 1535~1536년에 세워졌으며, 칼랸 모스크 맞은편에 있다. 청색과 백색의 타일로 장식된 중앙아시아 최대의 이슬람 신학교로 구소련 때도 유일하게 문을 닫지 않았고, 지금도 여전히 마드라사로서 기능을 하고 있다. 건축물의 크기는 73x55m이고 중정은 37x33m이다. 네개의 이완은 네군데 모서리에 자리를 잡고 중정 안쪽을 향하고 있다. 건물의 정면은 칼랸 모스크와 마주하고 있으며, 양 옆에는 푸른 돔이 있어 포이 칼랸 앙상블을 더욱 웅장하게 하고 있다.

에미르 알림 칸 마드라사(Amir-Alim Khan Madrasah)는 포이 칼랸 광장의 남쪽 끝에 위치해 있으며, 칼랸 미나렛과 바로 인접해 있다. 망히트 왕조의 마지막 에미르인 알림 칸(Alim Khan, 재 1911~20)의 이름을 따서 명명되었다. 건물은 18세기 전통 마드라사 형태이지만 앞쪽에 하맘(Hamam)이라고 하는 목욕탕이 증축된 복합 구조이다. 정문 역할을 하는 서쪽의 피슈타크(Pishtaq)는 스탈린 시대에 만들어졌다. 마드라사와 목욕탕이 함께 있는 것은 조금 이상하게 보일지 모르지만, 이슬람에 있어서 목욕탕의 위상이 어떠한지를 보여주는 예이기도 하다. 지금은 포이 칼랸 광장으로 이어지는 북서쪽 모퉁이의 커다란 돔형 방만이 기념품 가게로 열려있을 뿐, 이 건물은 방문객들의 출입이 금지되어 있다.

미르 아랍 마드라사

위대한 유산 우즈베키스탄

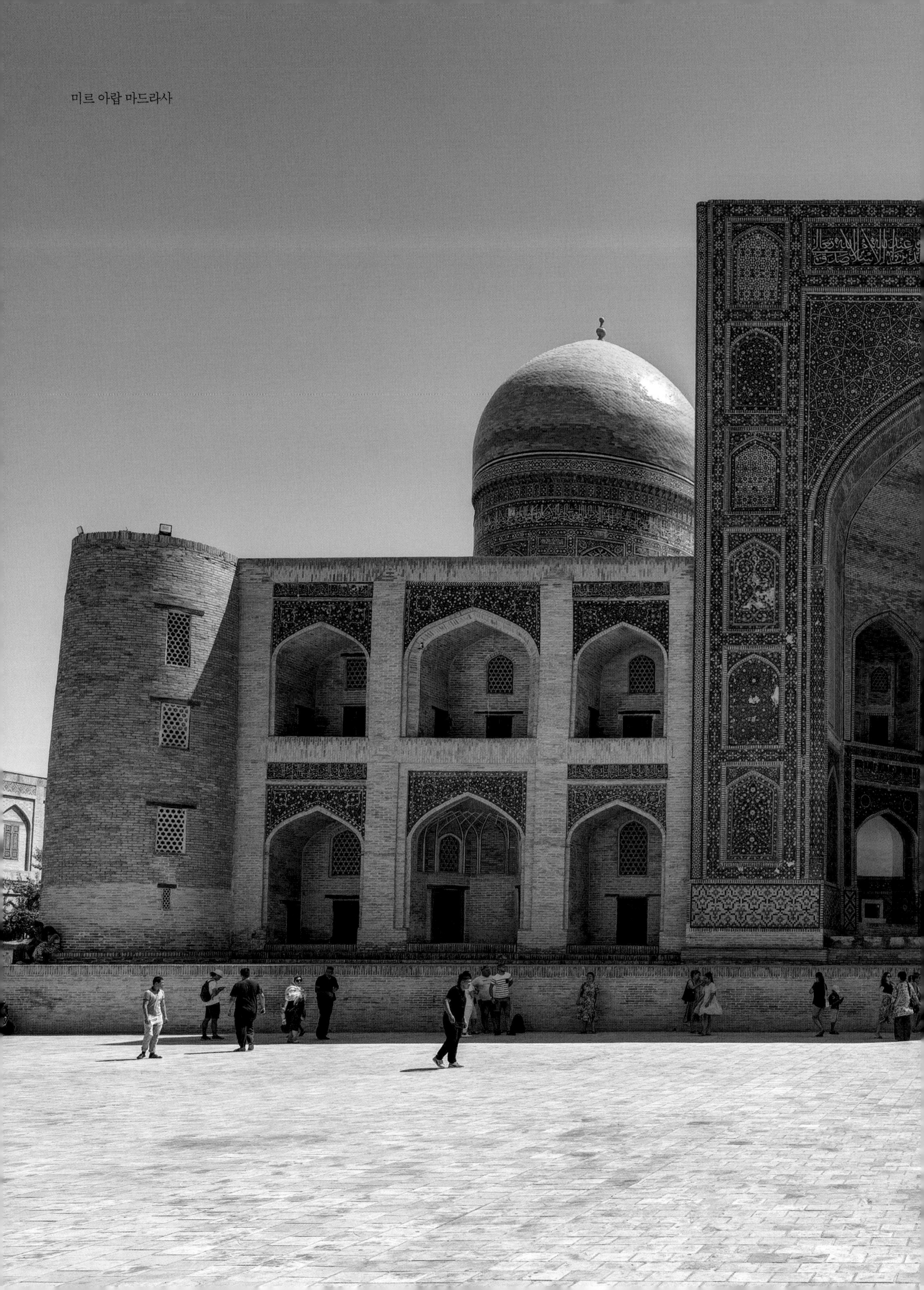

미르 아랍 마드라사

칼란 앙상블

부하라의 영묘

🏠 낙쉬반드 영묘

부하라에서 북동쪽으로 조금 가면 오늘날 세계에서 가장 큰 수피인 집단 '낙쉬반드(Naqshband) 교단'이 있다. 16세기 말~17세기 초, 중앙아시아 전역에 퍼져 나간 종단으로, 중심인물은 부하라 출신의 바하웃딘 낙쉬반드(Baha-ud-Din Naqshband, 1318-1389)이다. 부하라에 묻힌 그의 영묘는 전 세계 낙쉬반드 교단 신자들의 성지가 되었다. 수피 교단의 두드러진 특징 중 하나는 성자숭배다. 이름난 수피들은 신자들 앞에서 종종 기적과 치유의 능력을 보여주었다고 전해지며, 그들이 죽은 후 묻힌 곳은 성지가 되었다. 따라서 그들이 말하는 성지 순례란 기존의 이슬람 성지인 메카와 메디나뿐만 아니라, 이런 성자들이 묻힌 묘를 돌며 축복과 기적을 비는 종교 행위까지를 포함한다. 오늘날 수피즘이 정통 이슬람으로부터 이단으로 낙인 찍혀 비난받는 이유 가운데 하나다.

정문을 통해 금요 모스크를 통과하면 단지 내로 들어선다. 원래는 16세기에 지은 하나카 건물이다. 그 앞에 위태롭게 기울어진 미나렛이 있고 2개의 모스크가 왼쪽 안뜰에 있는 낙쉬반드의 무덤을 둘러싸고 있다. 무덤 자체는 2m 높이의 단순한 블록으로, 그 무덤을 시계 반대 방향으로 세 번 둘러보면 좋은 일이 생긴다고 한다. 마당에 들어서면 석화된 나무가 서 있는데, 이 나무는 메카 순례에서 돌아온 낙쉬반드가 지팡이를 꽂은 곳에 싹이 튼 것이라고 한다. 그리고 메카에서 가까운 우물에서 떠온 성수 한 방울로 말미암아 지금도 미나렛 근처의 수도꼭지에서는 물이 계속 나와 순례자들이 갈증을 적신다고 한다. 사람들은 이 물이 행운을 가져온다며 얼굴에 뿌리고 주전자에 채워 집으로 가져가기도 한다.

낙쉬반드의 제단은 거의 미신화 되어 있다. 순례자들은 낙쉬반드의 묘비에 입을 맞추고 기도하며, 나무에 소원을 빌고 천 조각이나 돈을 묶어 놓기도 한다. 그 자리에는 또한 성스러운 숫자 7이 스며 있다고 한다. 낙쉬반드는 일곱 번째 달에 태어났고, 일곱 번째 해에 코란을 암기했으며, 70세에 숨을 거두었다는 것이다. 인근 박물관에는 7개의 어린 양가죽이 전시되어 있기도 하다.

(상) 낙쉬반드 영묘 외부
(좌하) 낙쉬반드 영묘 내부
(우하) 낙쉬반드의 묘

🏠 사만 영묘

사만 영묘(Samanid Mausoleum)는 부하라의 북서쪽에 위치해 있다. 이스마일 사마니 (Ismail Samani, 892~907) 왕이 묻힌 곳으로 892~943년 사이에 이슬람 초기 건축양식으로 지어졌으며 중앙아시아에서 가장 오래된 장례용 건물로도 알려져 있다. 중앙아시아에서 현존하는 가장 오래된 이슬람 건축물 가운데 하나이며, 외관은 너비가 9m인 정육면체 위에 돔형 지붕이 얹어져 있다. 벽의 두께가 1.8m에 달하고 사면이 똑같은 형태다. 이 벽에는 18가지 축성법이 반영되어 있다고 하며, 낙타 젖과 아교를 섞어 불에 구운 흙벽돌이어서 햇빛의 각도에 따라 색이 달리 보인다고 한다. 기하학적으로도 완벽하게 대칭적을 이루고 있고, 크기는 작지만, 그 구조는 거의 기념비적이라고 할 수 있다. 소그드, 사산조 페르시아, 심지어 고전 및 비잔틴의 전통 건축 양식을 결합했다.

하지만, 사만 왕은 타직족의 상징적 인물로 부하라에 있는 그의 영묘는 우즈베키스탄과 타지키스탄을 서로 불편하게 하고 있다. 사만 왕조는 부하라를 중심으로 9세기와 10세기 사이에 압바스 왕조에서 독립하여 100여 년간 번영을 구가했고, 그 세력은 오늘날의 아프가니스탄, 이란, 우즈베키스탄, 타지키스탄, 사우디, 그리고 카자흐스탄에 해당하는 영토를 다스리며 강력한 제국을 형성했다. 따라서 그들의 문화적 유산과 역사 지리적 유산은 따로 분리되어 있는 셈이다.

사만 영묘

사만 영묘

사만 영묘 내부

마고키 아토르 모스크

마고키 아토르(Magoki-Attor) 모스크는 고고학적으로 가장 많은 수수께끼를 가지고 있는 고대 이슬람 사원이다. '마고키'는 '구멍 혹은 웅덩이'라는 뜻으로, 둘레가 굴처럼 파여 있어 '굴 안'이라는 뜻도 된다. 그래서인지 다른 건물에 비해 훨씬 낮은 곳에 위치해 있다. 고대의 부하라 사람들은 불을 소중하게 여겼으며 조로아스터교를 믿었다. 마고키 아토르 모스크는 9세기에서 10세기 사이에 걸쳐 세워졌지만, 원래는 조로아스터교 사원이 있던 자리다. 근방에는 '마'라는 달의 신전도 있었다. 부하라에 살던 유대인들은 자기네 회당을 짓기 전에는 모스크에서 무슬림들과 함께 예배를 드렸다. 한 공간에서 동시에 예배드렸다고도 하고, 무슬림들이 먼저 예배를 드린 후에 유대인들이 드렸다고도 한다. 마고키 아토르는 그야말로 실크로드를 통해 만났던 여러 종교들이 집적된 대표적인 상징물이라고 할 수 있다.

이 모스크는 몽골 침공 때도 파괴되지 않고 살아남은 몇 안 되는 건축물 중 하나로 유명하다. 그 후 이 모스크는 땅속에 파묻혀 있다가 20세기 구소련의 고고학자에 의해 발굴된 것으로, 정문만 원래의 모습이고 나머지는 복원되었다. 아래에는 조각된 벽돌층과 아라베스크 모양의 벽돌층이 있다. 그리고 그 위로 이들과는 시대적으로 구분되는 벽돌층이 있는데, 이것은 파괴된 모스크를 복구할때 새로 지은 것이다. 구소련 시대는 영화관으로 사용되었지만 지금은 양탄자를 판매한다. '아토르'는 '약을 판매하는'이라는 뜻으로 예전에는 모스크 주변에서 약을 많이 팔았다고 한다.

마고키 아토르 모스크 주변 유적지

마고키 아토르 모스크

❀ 히바, 교통의 요충지

히바(Khiva)는 키질쿰과 카라쿰 사막 사이에 자리 잡고 아무다리야강 하류의 비옥한 삼각주에 터전을 마련하였다. 페르시아에서 카라쿰 사막으로 건너오는 출입구 노릇을 하며 동서남북을 잇는 중요한 교역지 역할을 했다. 사막으로 둘러싸여 있는 이 작은 지역이 실크로드 거점으로 번성할 수 있었던 이유는 오아시스 도시였기 때문이다. 히바는 러시아로 연결되는 주요한 길목이자 실크로드의 사막길을 연결시켜 주는 요충지이며, 13세기에 몽골제국에 처참하게 보복당한 호레즘샤 왕조의 수도였다. 역사의 격랑 속으로 떨어진 이후 히바는 티무르의 지배를 받기도 했다. 이곳에 히바 칸국이라는 독립국가가 세워진 것은 1512년 투르크계의 우즈베크족에 의해서다. 건국 당시의 수도는 우르겐치였으나 17세기 초에 히바로 옮겼다. 오늘의 모습으로 도시 구조가 완성된 것은 그 후 부단히 증축하고 개축한 결과다.

(상) 정원으로 떨어지는 빗물받이(ⓒ조미경)

(하) 돌로 된 보도블럭

히바 구시가지

무함마드 라힘 칸 2세 마드라사

이찬칼라와 디샨칼라

히바성은 내성인 이찬칼라(Itchan Kala)와 외성인 디샨칼라(Deshan Kala)로 이루어져 있다. 기원전 6세기경부터 성벽을 쌓은 흔적이 있으며, 기원전 4~1세기 사이에는 이찬칼라를 중심으로 한 요새 도시를 형성했다. 그 후에는 인도 북부에 있는 쿠샨 왕조를 비롯한 외세의 침략을 몇 차례 받으면서 도시는 흥망을 거듭했다. 이찬칼라를 둘러싼 성벽은 높이가 7~8m이고, 두께는 5~6m에 달해 성벽 위로 말과 사람들이 다닐 수 있을 정도로 공간이 충분했다. 동서로 각각 400m, 남북으로 각각 720m로 전체 성벽의 길이는 2,200m에 달한다. 전체 면적은 26ha이고, 성벽에는 약 30m 간격으로 촘촘하게 돌출 부분이 있다. 적의 침략에 대비하기에 유리한 치성(雉城) 혹은 곡장(曲墻)의 구조라고 할 수 있다. '치'는 생김새가 꿩의 머리처럼 돌출되었다고 해서 붙은 이름이며, '곡'은 반원형으로 굽은 모양이라는 뜻이다. 외성인 디샨칼라는 10세기 후반에 만들어진 것으로 보인다. 1842년에 완성되었지만, 심하게 파손되어 잔해만 남았다. 이찬칼라와의 사이에는 사람들의 거주지와 시장이 있다. 무려 56ha로 3천여 명이 살아가고 있다.

히바는 황토 빛과 붉은빛의 도시다. 성은 주로 점성이 강한 흙벽돌로 지어져서 자연 친화적이다. 기후와 환경의 영향을 고려한 생태적인 건축 방식을 추구했기 때문이다. 건축물들은 내부보다 외부 장식에 더 공을 들였다. 보도블록은 돌이나 흙벽돌로 깔아 도시의 습기를 최소화했고, 공공건물들은 출입구를 찬바람이 불어오는 북쪽을 향하도록 했다. 이들의 대표적인 냉방장치는 벽 안에 내장된 넓은 도자기 관이다. 이 관은 북쪽에서 불어온 시원한 바람을 각방의 통풍 구멍으로 실어 나르는 역할을 해 실내 온도를 바깥보다 7~8℃ 정도 낮출 수 있다. 주요 건물에는 모두 땅을 깊게 파서 만든 우물이 있다. 비가 오면 지붕에 설치된 나무 물받이를 통해 물이 정원으로 물이 떨어진다. 떨어진 물은 나무를 적시고, 한데 고여 만든 얕은 웅덩이가 온도를 낮추는 자연 저수지의 역할도 한다.

이찬칼라에는 화려한 기념물들이 많지만 개개의 기념물들보다는 도시를 구성하는 건축물 전반에 주목할 필요가 있다. 19, 20세기에 지어진 주요 건축물들이 과거의 건축물들과 조화를 이루고 있어서 그 우수성이 더욱 돋보이는 곳이다.

히바 구시가지 지도

이찬칼라와 디샨칼라

무함마드 아민 칸 마드라사

무함마드 아민 칸(Muhammad-Amin-Khan) 마드라사는 히바뿐만 아니라 중앙아시아에서 가장 큰 마드라사이다. 2층 건물에 전체 면적 72x60m²이며 기숙사 방이 125개나 나 되어 260명의 학생을 수용할 수 있는 규모이다. 특히 2층에 있는 기숙사 방은 바깥 정면을 내어다 볼 수 있도록 되어있다. 현관문에는 면회와 음식 전달을 위한 사각형 쪽문이 흔적으로 남아 있다. 건축은 점토 벽돌을 바탕으로 하여 윤기 있는 타일로 앞면을 장식했다. 아라베스크 무늬의 타일들은 화려함을 극대화하면서도 뜨거운 태양 빛을 반사시켜 내부로 열기가 흡수되지 않도록 하는 역할도 한다.

이 마드라사는 1851년부터 4년에 걸쳐 지어졌는데, 스탈린 시대의 가혹한 종교탄압에서도 살아남았다. 1920년 혁명 이후 곡식 창고로 쓰였고, 다시 1945년까지 정치범 수용소로 사용되었다. 지금은 호텔의 기능뿐만 아니라 관광안내소, 환전소, 카페로도 사용되고 있다.

무함마드 아민 칸 마드라사

무함마드 아민 칸 마드라사 내부

무함마드 아민 칸 마드라사

쿠냐 아르크

'옛 성채'라는 뜻의 쿠냐 아르크(Kunya-Ark)는 17세기 말에 무함마드-에렝크 칸 (Muhammad-Erenk Khan)에 의해 세워졌다. 높은 성벽으로 이찬칼라와 분리되어 18세기 말에는 도시 속의 도시가 되었다. 칸의 모스크와 주거시설, 대법정, 접견실, 방앗간, 무기고, 조폐공장, 등기소, 하렘, 부엌, 마구간, 위병소 그리고 여러 부속 시설로 구성되어 있다. 이들은 중정을 중심으로 복도로 연결되어 있고, 입구는 이찬칼라의 동문인 팔반-다르바자(Palvan-Darvaza)를 닮았다. 성문으로 들어서서 만나는 첫 번째 뜰은 대사들이 칸의 영접을 기다리는 곳이다. 두 번째 뜰에는 거치대에 실린 대포 7문이 배치되어 있고, 세 번째 뜰은 칸의 평의회가 열리는 곳이다. 가장 큰 중정은 회랑을 통해 접견실 쿠리니쉬-카나(Kurinish-Khana)로 연결되어 있고, 한가운데는 손님을 맞는 천막인 유르트(yurt)가 설치되어 있다.

옥좌(玉座) 테라스는 6개의 나무 기둥이 있는 접견실과 2개의 나무 기둥이 따로 세워져 있다. 벽에는 아라베스크 문양의 타일이 붙어 있다. 타일에 적힌 번호대로 벽에 부착시키면 무늬가 이루어지도록 설계되었다. 천장은 화려한 무늬로 장식되어 멀리서 보면 카펫 모양이다. 각양각색의 타일을 교묘하게 배치해 무늬가 기가 막히게 맞아떨어지도록 했다. 벽에 그려진 기하학적 무늬도 신비한 느낌을 준다. 흰색은 흙, 파란색은 구리, 유약은 이시카르 식물로 만들었다는데, 색깔이 짙으면 옛날 것이다. 계단 위로 올라가 방안에 들어서면 벽에는 감실을 만들어 놓고 그 속을 자기, 향로, 찻잔 등으로 장식했다. 서쪽 벽 앞에는 은색 옥좌가 놓여 있다. 여름에는 시원하고, 겨울에는 원형단 위에 불을 피워 난방을 했다. 칸은 원통형 단 위에서 사신을 만나기도 하고 재판을 하기도 했다.

쿠냐 아르크의 동쪽 벽에는 진단(Zindon)이라는 감옥이 붙어 있다. 경범자, 정치범 그리고 사형 집행자들을 수용하는 3개의 방이 있다. 성벽 위로 올라가면 히바성 전체를 조망할 수 있으며, 성벽의 하단은 일반 성벽과는 달리 경사가 완만하다. 석성이 아니라 흙으로 쌓은 토성이라 기단부를 튼튼히 하기 위해서다.

쿠냐 아르크

(좌) 쿠냐 아르크 접견실 내부

(우) 쿠냐 아르크 내부의 기둥과 접견단

미나렛과 모스크

히바성 내에는 유명한 미나렛 3개가 있다. 칼타 미노르(Kalta-minor) 미나렛, 주마 모스크(Juma Mosque) 미나렛, 이슬람 호자(Islam Khodja) 미나렛이다.

이슬람 호자 미나렛은 히바에서 가장 높은 건축물로 높이가 44m이고, 바닥 지름이 10m로 올라갈수록 지름이 작아진다. 점토 벽돌 바탕에 청색과 백색의 도자기 장식 벨트가 번갈아가며 미나렛을 장식한다. 이 타일은 유리를 구워 그 위에 텅스텐에서 추출한 색을 칠한 것이다. 끝없이 이어지는 모자이크 장식이 아름답다. 이 미나렛은 히바의 어느 곳에서나 보이며 심지어 사막의 먼 곳에서도 볼 수 있다. 이슬람 호자는 개화파 인물로 1910년에 이 미나렛을 완성했으며, 1913년에는 최초의 유럽식 학교와 병원을 열었다. 우편과 철도를 도입할 만큼 개혁적이고 진보적인 인물이었지만 보수파에 의해 암살당하고 말았다.

이찬칼라의 서문으로 들어서면 푸른 타일의 거대하고 둥근 칼타 미노르 미나렛이 눈에 들어온다. 탑은 하늘로 높이 뻗지 못하고 허리 부분이 직선으로 잘린 원통형 모양을 하고 있어 미완성 미나렛으로 불리기도 한다. '칼타'는 투르크어로 '짧다'는 의미이지만, 높이가 무려 26m다. 무함마드 아민 칸에 의해 1852년에 착공되었으나 3년 만인 1855년에 그가 죽자, 미완성인 채로 공사가 중단된 것이다. 기단부 둘레만 14.2m의 육중한 모습으로, 발굴 이전에는 땅속에 묻혀 있었다. 부근의 상점들도 모두 땅속에 있던 건물들이다. 옛날 타일과 새 타일의 색깔이 다른 것을 통해서 이를 확인할 수 있다. 칼타 미노르 미나렛은 특히 탑신 부분의 유약 타일 장식이 정교하고 아름답다. 당대 최고의 기술자들이 동원되어 청색, 녹색, 황색, 흰색, 검은색 등 갖가지 색상을 구사해 아라베스크 문양으로 장식해 황토 빛 도시와 더욱 어울린다.

주마 모스크는 이찬칼라 내 20개의 모스크 중 가장 오랜 역사를 자랑한다. 주마는 아랍어로 금요일이라는 뜻으로 한 번에 5천명이 동시에 예배를 볼 수 있다. 10세기 무렵 처음 지어진 이래 여러 차례 재건공사를 거쳐 18세기 말에야 오늘의 모습을 갖추었다. 나무 기둥 박물관으로 불릴 정도로 목공예의 진수를 보여주는 213개의 기둥이 서 있어 유명하다. 연단에 서면 이들을 겹치지 않고 볼 수 있

이슬람 호자 미나렛

칼타 미노르 미나렛

다. 그중 가장 오래된 기둥은 중세 호레즘의 수도였던 카타(Kata)에서 가져온 것이라고 하니, 어림잡아도 그 세월이 1000년에 달한다.

18세기 이후에 만들어진 기둥들에는 전형적인 히바 왕국의 문양, 즉 토종 꽃과 식물의 이미지를 사용하고 있다. 기반이 되는 주춧돌의 모양은 각각 다르다. 기둥 사이의 간격은 3m, 천장까지의 높이는 5m이고, 어떤 기둥은 목화나무로 만들었다. 밑바닥에 모직물을 깔고 그 위에 초석을 놓고 다시 그 위에 나무 기둥을 세웠다. 벌레 먹는 것을 방지하기 위해 기둥에 말똥 혹은 목화씨 기름을 발라 1년 동안 보관한 후 사용했다. 또한 기둥 받침대에 양털을 깔아 지진에 견디도록 했다. 양털은 지진의 충격을 흡수하는 역할뿐만 아니라 벌레들이 위로 올라오지 못하도록 하는 방충효과도 있다.

천장은 통풍과 채광을 위해 두 군데가 커다랗게 바깥쪽으로 탁 트였다. 지붕은 일반적인 다른 모스크와 달리 둥글지 않고 평평하게 나무로 건축되었다. 연단 쪽에 있는 창 모양의 감실은 음향효과를 위한 것이다. 애초에 조로아스터교의 사원이었던 이곳을 기둥들을 추가해서 이슬람 사원으로 변모시켰기에 각각의 기둥에서 서로 다른 문양을 볼 수 있다. 이곳에서 명멸했던 여러 다른 문화와 종교적 흔적들을 읽어낼 수 있다. 전체적으로 어두운 실내는 옅은 안개가 서린 것처럼 신비스럽고 독특한 분위기를 보여준다.

주마 모스크 미나렛

주마 모스크 내부 기둥과 양털

히바의 궁전

이찬칼라의 동쪽에는 '돌 마당'이라는 뜻의 타쉬 하울리(Tash-Khauli) 궁전이 있다. 알라쿨리 칸(Allakuli-khan, 재 1830~1838)에 의해 세워졌으며 호레즘 건축의 장엄함을 보여주는 예다. 궁전은 하렘, 접견실, 사무국 등으로 구성되어 있는데, 모두 165개의 방과 3개의 문이 있다. 궁전은 방어를 목적으로 세워진 성채를 닮아 탑도 있고 요새화한 입구도 있다. 부유했던 호레즘은 궁전을 화려하게 꾸미는데 돈을 아끼지 않았다.

궁전은 중정을 중심으로 대략 세 부분으로 나누어져 있다. 첫 부분 북쪽에 세워진 하렘은 궁궐의 절반에 해당할 만큼 방이 많다. 마당 둘레를 따라 2층 구조로 되어 있고, 여성 가족들과 후궁들을 위한 방이다. 칸의 방과 하렘은 마당을 사이에 두고 분리되어 있다. 방의 벽은 흰색과 파란색의 마졸리카 패널로 화려하게 장식되어 있고, 무늬는 반복되는 부분이 하나도 없다. 하렘의 제1 왕비 침실 앞에는 기둥이 있는데, 불교와 이슬람이 만난 현장이라고 할 수 있다. 대리석 기둥 받침에 그려진 석탑들과 만(卍)자는 불교의 것이다. 두 번째 부분은 남동쪽에 세워진 접견실이다. 접견실의 한쪽 구석에는 5개의 계단으로 높인 단이 축조되어 있고 그 위에 이동식 천막인 유르트가 설치되어 있다. 석조 건물과 유르트, 정착민과 유목민의 주거양식, 결국 한 민족이 두 가지 성격을 동시에 지니고 있음을 보여주는 건축 방식이다. 그리고 세 번째는 남서쪽에 자리잡은 궁정의 사무국으로 접견실보다 2배나 더 큰 방이 있다.

누룰라 바이(Nurulla Bay) 궁전은 19세기 말에서 20세기 초에 세워졌다. 무함마드 라힘 칸(Muhammad Rahim Khan)이 지은 이 궁의 건축 양식은 동서양의 스타일이 기막히게 결합되어 있고, 거기에 우즈베키스탄 특유의 장식 기법까지 가미되어 있다. 특히 황금색과 다양한 컬러를 넣은 아라베스크 문양의 회반죽 장식이 독특하다. 안쪽으로는 4개의 뜰이 있고, 이를 중심으로 본당과 신학교, 100여 개의 방을 갖춘 선물, 하렘, 마구간 등이 지어졌다. 본당에는 적어도 7개의 호화로운 살롱이 갖춰져 있다. 건축 공사에는 독일과 러시아 등으로부터 많은 장인이 동원됐다. 러시아의 황제 니콜라스 2세는 크리스털 샹들리에 2개를 기증하기도 했는데, 이

타쉬 하울리 하렘

타쉬 하울리

타쉬 하울리의 기둥 장식과 왕의 침실

누룰라 바이 궁전

때문에 낭시 히바에는 없던 전기선을 새로 설치하기도 했다. 하지만 1917년 러시
아 혁명이 일어나면서 이 '위대한 모더니티'는 빛을 보지 못했다. 현재 복원 공사
가 진행되면서 원래의 웅장함을 되찾고 있다.

누룰라 바이 궁전 입구

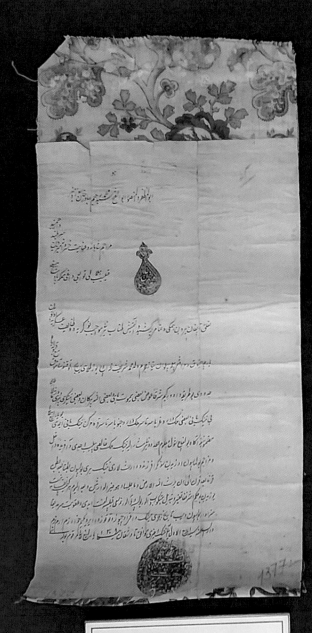

Muhammad Rahimxon II yorlig`i.
Xiva XIX asr.
Ярлык Мухаммад Рахимхана II.
Хива XIX век.
Label of Muhammad Rahim Khan
II (Royal mandate). Khiva XIX century.

Muhammad Rahimxon II yorlig`i.
Xiva XIX asr.
Ярлык Мухаммад Рахимхана II.
Хива XIX век.
Label of Muhammad Rahim Khan
II (Royal mandate). Khiva XIX century.

19세기 무함마드 라힘 칸 2세 칙서. 누룰라 바이 궁전

(상) 니콜라스 2세가 선물한 샹들리에 장식. 누룰라 바이 궁전
(하) 러시아 영향을 받은 페치카 장식. 누룰라 바이 궁전

니콜라스 2세가 선물한 상들리에 장식. 누룰라 바이 궁전

히바의 영묘

🏠 사이드 알라우딘 영묘

이찬칼라 성벽 안쪽으로 낙쉬반드 수피인 사이드 알라우딘(Sayid Allauddin)의 자그만하고 평범한 영묘가 있다. 사이드 알라우딘은 13세기 말에 히바에서 활동하다 1303년에 죽었다. 그가 죽고 나서 제자였던 아미르 쿨랄(Amir Kulal)이 이 영묘를 건립했다. 몽골의 통치 시기였던 14세기 후반에 완공되었으니 히바에서 가장 오래된 건축물이다. 영묘에 특별한 장식이 있는 건 아니다. 초기에는 일부 장식이 있었을 것으로 추정되지만 지금은 그저 벽돌과 돔이 전부다. 화려함보다는 소박함이 특징이라고 할 수 있다. 19세기에 지야랏 코나(Ziyarat-khona)라는 작은 정사각형 건물이 영묘의 일부로 보태졌다. 이로 인해 무덤 입구가 북쪽으로 나있다.

사이드 알라우딘 영묘

🏠 팔라반 마흐무드 영묘

팔라반 마흐무드(Phalavan Mahmud)의 영묘도 흥미로운 곳이다. 마당 구석에는 우물이 있고 우물 옆 회랑 벽에는 양탄자에 수놓은 그의 초상화가 걸려 있다. 그는 히바에서 태어났는데, 모피 제조업자, 무적의 레슬러, 시인, 철학자, 위대한 수피 등 그를 설명하는 단어는 다양했다. 영묘의 건축은 그가 사망한 후 약 500년이 지난 1810년 시작되어 25년 만에 완성되었다. 초록색 돔은 히바에서 가장 크며 꼭대기는 푸른색 유약을 바른 타일로 덮어 광채가 난다. 영묘는 매장지, 기도실, 모스크와 순례자를 위한 숙소까지 추가되어 거대한 복합체를 이루고 있다. 또한 여름 모스크가 있는 마당, 코란을 읽기 위한 방들, 부엌까지 있고, 본당을 지나 옆방으로 들어가면 작은 묘실에 팔라반 마흐무드의 시체를 안치한 관이 나무 창살 너머로 보인다.

팔라반 마흐무드 영묘

타슈켄트, 행정의 수도

　타슈켄트(Tashkent)는 시르다리야강의 지류 치르치크(chirchiq) 강변 유역과 천산 산맥 끝자락에 자리 잡은 오아시스 도시다. 인구 260만 명의 우즈베키스탄 최대 도시로, 행정의 수도이기도 하다. 교역이 활발했을 당시에는 보석이 많이 거래되었을 것으로 짐작된다. 타슈켄트는 '돌(Tash)의 도시(Kent)'라는 뜻이며, 한자어로 '석국(石國)'이라고 기록되어 있다. 8세기 초 이슬람이 전파되기 이전에는 타슈켄트가 '챠치(Chach)', '챠치칸트(Chachkand)' 혹은 '챠시칸트(Chashkand)'라는 명칭으로도 불렸다.

　타슈켄트는 자연환경이 유리한 데다 교통 요지에 자리하고 있어 농경과 교역이 모두 발달했다. 지형적으로 사람이 모여 살기에 적합한 곳이었기에 고대부터 소그드인 등 많은 민족과 왕국이 이곳을 거쳐갔다. 일찍부터 여러 종교가 공존했고, 1세기경부터 불교사원이 있을 정도로 인도를 비롯한 서역 각지와도 교류가 빈번했다. 궁궐과 사원, 요새와 주택이 즐비하여 7세기에 이르러서는 30개의 마을과 50개가 넘는 운하로 연결된 도시로 성장했다. 소그드인과 투르크 유목인들 사이에서 중개 무역의 중심지로 부상하면서 외연까지 확장되었다.

　이슬람의 중앙아시아 진출은 705년 그들이 시르다리야강과 아무다리야강 사이의 트랜스옥시아나 지역을 점령하면서 시작되었다. 얼마 후 벌어진 탈라스 전투(751년)에서 타슈켄트는 고구려 출신의 고선지(高仙芝)가 이끄는 당나라 군대의 공격을 받았으나, 압바스 왕조의 이슬람 세력이 이를 물리침으로써 타슈켄트 역시 이슬람의 영향권 안에 들어가게 되었다. 중앙아시아의 이슬람화는 급속도로 진행되었고, 10세기에는 투르크계 왕조였던 카라칸(Kara Khan)이 일대를 통치했다. 이슬람 문화가 본격적으로 꽃을 피우기 시작했으나 호레즘 왕국의 통치 아래 있던 13세기 초에는 몽골군의 침입으로 된서리를 맞기도 했다. 도시는 여지없이 파괴되었지만, 14세기 후반 티무르 제국의 출현으로 타슈켄트는 중앙아시아에서 이슬람의 심장부로 다시 부상하게 된다.

따라서 지금 남아 있는 대부분의 유적과 유물은 15세기 티무르 시대와 그를 이은 16세기 샤이바니(Shaybānī) 시대에 만들어진 것들이다. 이처럼 타슈켄트는 유구한 역사 속에서 스러졌다 다시 살아나기를 거듭하며 불교, 마니교, 조로아스터교, 이슬람교 등의 다양한 종교와 페르시아, 투르크, 몽골 문화가 한데 섞여 공존하는 역사 도시로 발전했다. 또한 수많은 사원과 마드라사가 지어져 중앙아시아 이슬람의 성지이자 중심지로 이름을 알렸을 뿐만 아니라 소비에트 통치를 거치면서 러시아의 색채도 곳곳에 남아 있다. 그럼에도 대부분의 사람들은 이곳을 단순히 우즈베키스탄의 현대화된 행정수도로만 인식하고 있다. 이는 다른 실크로드 도시에 비해 타슈켄트가 가지는 역사성이 제대로 알려지지 않았기 때문일 것이다.

타슈켄트

고대 거주지

살라(Salar) 운하 북부에 위치해 있는 밍 오릭(Ming O'rik)은 기원전 2세기에서 1세기 사이에 정착이 시작된 고대 거주지다. 실크로드 교역이 시작된 거점으로서 당시 중국의 한나라에는 소그드인들에 의해 잘 알려진 곳이었다. 7~8세기에 급속한 도시 건설이 이루어지면서 최고의 성장을 이루었지만, 오늘날에는 16m 높이의 작은 언덕만 남아 있다.

중심 건물은 진흙과 지푸라기를 섞어 만든 벽돌을 사용해 정사각형 형태로 만들고, 양 측면은 반원형 탑을 붙여 축조했다. 이런 건축 기법은 또 다른 고대 거주지인 샤쉬테파(Shashtepa)의 건축 양식에도 영향을 주었다. 밍 오릭 거주지 내 일부 건축물에는 종교 시설로 보이는 개방형 제단을 확인할 수 있다. 고대 태양 숭배 사원의 폐허 근처에는 통치자들의 공식 궁전이 있었는데, 언덕 꼭대기에 세워진 것으로 보아 이곳은 마을의 수도였을 것이다. 당시 이 지역에 널리 퍼져 있던 조로아스터교 추종자들에 의해 건축되었을 것으로 짐작된다.

밍 오릭 고대 거주지

하자티 이맘 앙상블

과학자이며 코란과 하디스의 전문가이고, 시인이자 공예가이기도 했던 하자티 이맘(Hazrati Imam)의 이름을 딴 앙상블은 바라크 칸(Barak Khan, 재위 1423 to 1429) 마드라사와 틸라 셰이크(Tilla Sheikh) 모스크 그리고 성 아부 바크르 카팔 샤시(St. Abu Bakr Kaffal Shashi)의 영묘와 이맘들을 배출해내는 알 부하리 이슬람 연구소로 구성되어 있다.

16세기에 세워진 이슬람 학교 바라크 칸 마드라사는 울루그벡(Ulūgh Beg)의 손자인 나우루즈 아흐메드 칸(Navrus Ahmed Khan)의 주도로 세워졌다. 바라크 칸은 그의 별명이며 "행운"이라는 뜻이다. 마드라사의 중정은 단층으로 지어진 기도실로 둘러싸여 있다. 정면에서 바라본 출입구에는 장식 타일이 보존되어 있으며, 반팔각형 벽감이 뚫려 있다. 동서로 길게 확장된 사다리꼴 모양 건축 양식의 특징이라고 할 수 있다. 오리엔탈 기록물 도서관(Library of Oriental Manuscripts of the Mufti)도 이곳에 있다.

여기에는 '오스만 본(本)'으로 알려진 현존하는 가장 오래된 코란이 보존되어 있다. 정본은 651년 메디나에서 만들어졌는데, 이를 4부로 필사해 터키의 이스탄불, 이집트의 카이로, 사우디아라비아의 메디나 그리고 이라크의 바스라에 각각 보관했다. 바스라의 것은 655년 3대 칼리프였던 오스만(Caliph Uthman)이 암살당할 때 흘린 피로 얼룩졌다고 한다. 이를 14세기 후반 티무르가 전리품으로 가져와 사마르칸트에 보관했지만, 19세기에 러시아에 빼앗겼다가 1924년에 되돌려받았다.

틸라 셰이크 모스크는 한때 우즈베키스탄의 대표적인 모스크였다. 바라크 칸 마드라사 맞은편에 위치해 있으며, 1856년에서 1857년 사이에 코칸드의 칸 미르자 아크메드 쿠슈베기(Mirza Akhmed Kushbergi)에 의해 건설되었다. 모스크는 본당과 2개의 미나렛으로 구성되어 있으며, 16세기 양식을 유지하고 있다. 입구는 우즈베키스탄의 다양한 목가 공예품들로 화려하게 장식되어 있다.

여러 나라에서 수입해온 이국적인 나무, 관목, 꽃들로 조경이 훌륭하고, 황새들까지 자유롭게 거닌다.

하자티 이맘 앙상블

(좌) 바라크 칸 마드라사 입구

(우) 바라크 칸 마드라사 외부와 내부

틸라 셰이크 모스크

코란 박물관과 '오스만 본(本)'으로 알려진 현존하는 가장 오래된 코란

아부 바크르 카팔 샤시 영묘는 하자티 이맘 앙상블의 북서쪽 모퉁이에 자리 잡은 채로 그의 생애를 기념한다. 그는 시인이자 언어학자로서 10세기에 이슬람 세계를 두루 여행한 바 있고, 하디스 학자인 알 부하리(Al Bukhari)의 정신적 후계자로도 유명하다.

이 영묘는 수피들의 공간인 하나크 형태로 설계되었다. 북쪽을 향한 커다란 단독 이완을 통해 메인 홀로 통할 수 있으며, 이완 장식의 양쪽에는 6개의 화실이 서로 겹쳐져 있다. 이완, 돔 그리고 외관 부분들은 밝은 색의 마졸리카 타일로 장식되어 있다. 이중 이완의 아랫부분에는 코란의 구절과 건축에 참여한 건축가들 그리고 장인들에 대한 정보를 상세히 기술한 띠도 있다. 높은 원통 위에는 청록색 돔을 덮어 넓은 홀을 만들었다. 무덤의 먼지를 얼굴에 바르면 임신할 수 있다는 속설 때문에 불임 여성들이 모이는 곳이기도 하다.

타슈켄트의 또 다른 유적들

주마 모스크(Juma Mosque)는 눈여겨 볼 만하다. 자미 모스크(Jami Mosque)라고도 불리며, 9세기에 기초가 만들어졌다. 금요 사원으로서는 타슈켄트에서 가장 오래된 곳이며, 중세 후반 중앙아시아에서 유행했던 중정도 갖추고 있다. 819년 당시 타슈켄트 지방 통치자로 임명된 에미르 야히야 이븐 아사드(Yahya ibn Asad)에 의해 세워졌으며, 아랍인들에 의해 파괴된 옛 도시 차치 전체를 재건하는 계기가 되었다. 2003년에 현대식 공법으로 복원을 완료했으며, 사마르칸트의 비비하늠 모스크, 부하라의 칼랸(Kalyan) 미나렛에 이어 우즈베키스탄에서 세 번째로 크다. 일반적으로 모스크 하나에 돔 하나로만 건축하던 방식과 달리 돔을 3개나 올렸다. 특히 외관이 독특한데, 정문에 그려진 작은 벽감의 곡선은 중앙아시아풍이기보다는 고딕풍에 가깝다.

초르수 바자르(Chorsu Bazaar)의 언덕배기에 자리잡고 있는 쿠켈다쉬 마드라사(Kukeldash Madrasa)도 중요하다. 중정, 예배당, 교실 등으로 이루어진 전형적인 마드라사 양식을 갖추고 있으며, 노란색 벽돌로 지어진 것이 특이하다. 1570년 경 샤이반(Shaybanid) 왕조가 세웠지만, 18세기 말에는 실크로드 대상들의 숙소로, 19세기에는 코칸드 칸의 요새 혹은 사형장으로 사용되기도 했다. 소비에트 시절에는 마드라사가 폐쇄되고 무신론 박물관으로 용도가 변경되었다. 1990년대 초 민속음악 박물관 역할을 하다가 지금은 중등학교로 활용되고 있다. 마드라사는 넓은 중정이 있는 직사각형 모양의 2층 건물로, 강의실, 모스크 그리고 학생들이 기숙사와 공부방으로 사용했던 여러 작은 방들로 둘러싸여 있다.

1850년 르네상스 양식으로 세워진 건축물로 압둘 카심(Abdul Kasim) 마드라사도 있다. 당대의 지식인이었고, 매년 150명의 교육을 위한 비용을 지불할 정도로 마드라사 교육에 적극적이었던 압둘 카심의 기부금으로 건설되었다. 이 마드라사 단지에는 교실과 모스크, 수피들의 숙소인 하나크(Khanqah) 그리고 한때 인공 연못이 조성되어 있던 중정이 있다.

위대한 수피 셰이크 아즈 호자(Sheikh Aj-Hodge)가 12세기 말에서 13세기 전반까지 살던 장기 아타(Zangi-Ota)라는 곳이 있다. 1390년 티무르의 명령으로 그의 죽음

주마 모스크

쿠켈다쉬 마드라사

압둘 카심 마드라사

압둘 카심 마드라사

을 기리기 위해 건설된 그의 영묘도 장기 아타로 불린다. 그의 영묘는 넓은 정원
과 여러 건축물들 그리고 그의 부인 암바르 비비(Ambar-bibi)의 묘지 등 세 구역으
로 구성되어 있다. 건축물들은 14~19세기에 지어진 것들로 모스크, 마드라사, 미
나렛 등이 있다. 신학자이자 수피즘의 영적 지도자로 추앙받았던 셰이크는 아흐
마드 야사비(Ahmad Yassavi)의 다섯 번째 제자이자 영혼의 시인 슐레이만 카키(Suleiman
Khaki)의 제자로도 알려져 있다. 장기 아타는 15세기 건축물 가운데 가장 중요한
작품 중 하나로 그 역사적, 예술적 가치가 크다. 특히 현관이나 각진 탑 그리고 돔
은 다른 건축물과 비교할 수가 없다.

장기 아타

16세기 후반에 형성된 전통시장 초르수도 상당히 매력적인 곳이다. 초르수는 페르시아어로 4개의 길이 교차하는 곳에 있는 시장 또는 4개의 물길이 만나는 곳이라는 뜻이다. 바자르의 오래된 건축물은 파괴되었지만, 전통적인 구조는 그대로다. 색색의 유약 타일로 장식된 7개의 거대한 돔형 지붕 구조는 열을 차단하고 먼지를 막아준다. 푸른색 큰 돔 아래 개방형으로 세워진 시장 내부는 매우 넓다. 실크로드 시대의 옛 정취를 그대로 간직하고 있는 초르수 바자르는 우즈베키스탄인들에게는 필요한 것은 뭐든지 살 수 있는 시장이며, 외국인들에게는 살아 있는 전통과 현재를 동시에 체험할 수 있는 장소다.

전통시장 초르수 바자르

전통시장 초르수 바자르

전통시장 초르수 바자르

카라칼팍스탄, 검은 모자의 땅

카라칼팍스탄(Karakalpakstan)은 우즈베키스탄 서북쪽, 키질쿰 사막 지역에 위치하고 있다. 우즈베키스탄에 속한 자치공화국으로 자신의 국기와 문장과 애국가가 따로 있다. 이 지역 주민들은 부하라, 우크라이나(볼가강 유역), 아랄해 남쪽에 흩어져 살면서 19세기 초에 히바 칸국에 귀속되었다. 이들은 한 번도 자국의 왕을 가지지 못한 채 부족장 정도로 만족해야 했고, 때마다 지배국에게 공물을 바쳐야 했다. 1873년 러시아가 히바 칸국을 치면서 카라칼파크인의 다수가 거주하던 아무다리야강 오른편은 러시아령이 되고, 소수가 거주하던 왼편은 히바 칸국의 영지로 남았다. 1917년 러시아 혁명 이전까지만 해도 카라칼팍스탄은 반(半)유목민 부족의 느슨한 연맹에 지나지 않았던 곳인데, 1936년에 하나의 자치공화국으로 우즈베키스탄에 합병되었다.

카라칼팍스탄 지역의 의복과 까만 양털로 만든 전통모자

'카라(Kara)'는 '검다'는 뜻이고, '칼팍(Kalpak)'은 '모자'라는 뜻이다. 그러니까 카라칼팍스탄이라는 지명은 이 지역 사람들이 즐겨 쓰는 검은 모자를 빗댄 '검은 모자의 땅'이라고 할 수 있다. 까만 양털로 만든 커다란 전통모자는 매우 특이하다. 그뿐만 아니라 이들의 의복이나 주거 형태 등도 주변의 다른 민족들과 구별이 될 만큼 독특하다. 크기는 우즈베키스탄 전체의 1/3이 넘는 37%에 해당하고, 남한의 약 1.7배가 되는 16만 4,900km²면적이다. 넓은 면적에 비해 인구는 5%에 지나지 않는다.

이 땅의 지형은 우스튜르트 고원, 물이 말라 바닥을 드러내고 있는 아랄해 그리고 키질쿰 사막으로 대표된다고 할 수 있다. 날씨는 혹독한 추위와 극심한 더위가 번갈아 찾아와 참으로 사람이 살기 어려운 땅이다. 그러나 호레즘 오아시스와 아무다리야강 유역에는 오래전부터 사람이 정주했다는 기록이 있다. 기원전 4천 년 말~2천 년 초 사이의 것으로 추정되는 고고학적 증거들이 그것이다. 하지만 이들은 기원전 5세기 중반에 페르시아 제국의 전신이라고 할 수 있는 아케메니드(Achaemenids) 제국에 복속되고 만다. 따라서 그들의 문명은 아케메니드 제국의 우산 아래에서 시작되었다고 할 수 있다. 그리고 기원전 5세기에서 4세기로 넘어가던 시기에, 호레즘이 드디어 독립하면서 그들만의 독특한 색깔을 드러내기 시작했다.

우르겐치가 수도로서 도시의 면모를 갖춘 것은 8세기 아랍의 침략 이후 대 호레즘 시대를 거쳐 13세기 몽골의 정복이 이루어진 이후다. 이 도시가 중앙아시아에서 가장 큰 공예와 문화적 중심지가 된 것은 이곳이 실크로드를 따라 이동하는 카라반들이 거쳐가는 행로의 한가운데 자리잡고 있었기 때문이다. 유목민 카라칼파크인이 시르다리야강과 아랄해 주변의 스텝 지역에 자리를 잡고 정착을 시작한 것은 16세기부터 18세기 사이다. 그리고 농사와 목축과 어업을 생업으로 삼았다. 카라칼팍스탄에 고대와 중세의 문명 흔적들이 남아 있는 것은 이런 역사적 배경 때문이다. 특히 옛 모습을 아직 뚜렷이 보존하고 있는 고고학적 유적지야말로 카라칼팍스탄의 역사를 수 세기 동안 거슬러 올라가 고대에 이르게 하는 분명한 증거이기도 하다.

카라칼팍스탄 자치공화국은 다민족 집단이다. 전체 인구는 약 142만 명이며, 이중 45만 명이 카라칼파크인으로 대부분 수도인 누쿠스(Nukus)를 중심으로 아랄해 남부해안을 따라 거주하고 있다. 카라칼팍스탄 사람들은 언어와 문화에서는 카자흐족과 밀접하게 연관되어 있으나 그들의 기원은 분명하지 않다. 인종적으로도 우즈베키스탄 사람들과 다른, 이란과 몽골의 후손으로 추정되지만, 자신의 고유한 언어와 고유한 문화를 가지고 있다. 카라칼파크어는 한국어와 같이 알타이어족에 속하며, 우즈베크어보다는 카자흐어와 러시아연방 북캅카스 남부에 살며 킵차크 칸국을 세운 터키계 유목민의 후예들인 노가이(Nogay)어에 더 비슷하다. 카라칼파크어는 1989년에 국가 공식어로 인정을 받아 매년 12월 1일을 카라칼파크어의 날로 기념하고 있다. 이러한 과정에서 그들이 겪은 슬픈 정치적, 역사적 그리고 민족적 애환은 지금도 여러 가지 분쟁으로 이어지고 있다.

고대 구조물 단지. 코제일리와 누쿠스 시, 카라칼팍스탄

아랄해

중앙아시아의 대형 호수였던 지역. 아랄해라는 이름은 고대 투르크어 '아랄 딩기즈(Aral Dingiz)'에서 유래한 말로 '섬바다' 혹은 '천개의 섬의 바다'라는 뜻이다. 실제로 면적 1ha 정도인 섬들이 1천여 곳 이상 호수에 흩어져 있었다. 우즈베키스탄의 카라칼팍스탄 자치공화국과 카자흐스탄의 크즐오르다 주 사이에 위치한 호수로 한때는 총면적 68,000km²에 평균 깊이 16m로 세계에서 4번째로 큰 호수였다. 남한 면적의 약 3분의 2 크기이다. 어족도 풍부해서 철갑상어와 다양한 어종이 서식하여 근방의 주민들은 어렵지 않게 살았다. 한때 아랄해 최대의 항구 도시였던 무이나크(Muynak) 주변 어획량은 연간 3만 t에 이르렀지만, 지금은 이 모든 것이 사라진 과거일 뿐이다. 아랄해는 지구상에서 환경파괴의 위험성과 심각성을 제대로 보여주는 지역이 되었다.

아랄해에 문제가 생기기 시작한 건 1960년대부터였다. 사막의 한 가운데 있던 아랄해는 아무다리야(Amu Darya)강과 시르다리야(Syr Darya)강물로 유지되었는데 소련이 목화의 대량 재배를 위한 관개용수 확보를 목적으로 이 두 강에 댐을 쌓아버린 것이다. 동시에 길이 1,445km의 카라쿰 운하를 비롯한 여러 관개수로의 건설 역시 두 강의 수량을 줄이는 데 큰 역할을 했다. 하지만 그 댓가는 상상을 초월할 만큼 컸다. 물의 수위가 줄어들면서 아랄해의 면적은 급격하게 감소하기 시작한 것이다.

이로 인해 주변 기후가 변한다는 점이 더욱 치명적이었다. 마른 호수 바닥은 낮에는 끓어오르듯 뜨거워지고 밤에는 얼어붙듯 차가워졌다. 강 유역의 숲들은 황폐해졌으며, 그 곳에 살고 있던 각종 동물들 역시 사라졌다. 또 다른 문제는 아랄해가 염호였다는 것이다. 물이 없어 점점 말라 가면서 아랄해의 염도는 개발 이전보다 3배 가깝게 올라가 버렸으며, 물이 마른 곳은 소금 사막이 되어버렸다. 소금기가 섞인 모래바람 때문에 호흡기 질환이 만연했고, 이 바람은 500km 이상 날아가 주변국 농토까지 위협했다. 토양에 날아와 묻은 소금들을 제거하기 위해 더 많은 물을 소비했으며, 이러한 소금물들은 토양에 침투하거나 다시 아랄해로 흘러 들어가 염도를 가중시켰다. 뿐만아니라 목화와 쌀을 재배하기 위해 뿌려진

말라버린 아랄해의 난파선

각종 화학 비료와 살충제는 고스란히 아랄해로 들어가게 되었고 호수의 오염 자체도 심화되어 갔다. 이러한 오염은 아랄해를 식수로 이용하는 지역 주민의 건강을 심각하게 위협했고, 특히 어린이들에게 치명적이었다. 이런 환경 재앙은 이미 수백만의 사람들에게 호흡기 질환, 식도 질환, 후두암 및 실명으로 죽음에 이르거나 고통받게 하고 있다.

아랄해의 남쪽 해안에 위치한 카라칼팍스탄 지역의 어린이 사망률은 세계 최고가 되었다. 어획량도 급감했고 관련된 일자리도 사라져 주민들은 도시로 떠나야 했다. 아랄해의 옛 항구 도시였던 무이나크의 인구는 절반 이하로 줄어버렸고, 한때 항구였던 모래사막 위에는 녹슨 어선들이 나뒹굴고 있다. 아랄해는 이제 더 이상 그들의 젖줄도 아니고 풍요의 축복도 아닌 '저주의 호수'가 되고 말았다. 20세기 인간이 만들어낸, 지구가 앓고 있는 대표적인 생태환경의 위기의 현장이라고 할 수 있다.

하지만 2001년, 말라버린 아랄해 바닥에서 우연히 돌과 구운 벽돌로 축조한 14세기 영묘 유구가 발견되었다. 잠정적으로 '케르데리(Kerderi) 묘'라고 이름을 붙였다. 2004년에도 이 근처에서 또다시 묘와 성터가 발굴되어 잠정적으로 '아랄-아사르(Aral-asar)'로 이름을 붙였다. 과거 아랄해 연안의 항구 도시였던 카라테렌(Karateren) 마을에서 65.2km 떨어져 있는 이 도시는 고대 시르다리야강 하구의 지류에서부터 관개수로를 파서 물을 끌어왔음이 밝혀졌고, 맷돌, 도기, 창고 등이 다수 발견되어 농업이 발달했음을 알 수 있었다. 이런 유적지들은 16세기 무렵 아무다리야강이 다시 아랄해로 흘러들기 시작하면서 수위가 크게 늘어나 잠겨버린 것이다. 호수는 저주의 장소가 되어버렸지만, 한편 이처럼 오랜 옛이야기를 간직하고 있어서 우리는 이 호수가 또다른 생명력을 얻으리라 기대하고 있다.

호레즘의 성채 유적들

지난 2천 5백년 이래로 같은 땅에서 존재했던 고대 호레즘을 모태로 고대와 근대가 공존하는 카라칼팍스탄은 실크로드를 이해하는 데 시간적으로나 공간적으로나 매우 중요한 곳이다. 이곳에는 300개가 넘는 사막 요새의 유적들이 남아있기 때문이다. 그 중에서도 카라칼팍스탄의 남서부 사막 지대에 50여 개가 몰려 있다. 당시에는 키질쿰 사막이 요즘처럼 이렇게 건조한 곳이 아니었다. 이곳에서는 한때 사람들이 밀집해서 살았고, 호랑이들도 어슬렁거리고 다녔으며, 습지가 있어서 사람들은 배를 타고 다니기도 했다. 스키타이 유목민들은 이곳을 중심으로 기원전 6세기, 즉 페르시아 제국의 키루스 대왕이 죽고 나서부터 세력을 키웠다. 수천 년 동안 아랄해가 아닌 카스피해로 흘러들던 아무다리야강의 물길이 아랄해로

기원전 1-기원후 2세기 카자클리-야트칸의 호레즘 인물 프레스코

바뀐 것은 기원전 1세기에 이르러서였다. 그때부터 땅은 비옥해지고 기원후 1세기가 되자 사람들이 모여 살기 시작했고, 농경 정착민들이 자리를 잡았다. 이들은 유목민들의 침략을 막기 위해 요새를 건립하기 시작한 것이다. 하지만 기원후 9세기 말에 아무다리야강의 물길이 다시 아랄해로 바뀌면서 땅이 건조해지자 주민들은 어쩔 수 없이 떠나게 되었다. 이때부터 요새들은 폐허가 되기 시작한 것이다.

카자클리-야트칸(Kazakli-yatkan)은 기원전 약 3세기경에 건립되었다가 나중에 사막에 묻혀 버린 것으로 짐작된다. 헤로도토스는 이 땅을 일컬어 "수천의 성채가 있는 나라"라고 했다. 그가 활동했던 때가 기원전 450년경이었으니, 그때 이미 이곳에는 다른 수많은 성채가 있었음이 틀림없다. 실제로 이곳은 기원전 500년

키질-칼라 성채 유적

에서부터 500년까지 그 사이에 엄청난 인공 관개수로를 설치해 농경을 번창시켰던 오아시스 지역이었다. 카자클리-야트칸은 당시 이 나라의 수도였을 가능성이 있다. 최근 여기서 중앙아시아에서 가장 많은 벽화가 발견되기도 했다. 아마도 사원이었거나 종교적 목적으로 세워진 건물이었을 것이다.

그 외에도 안카-칼라(Anka-Kala), 찬바스-칼라(Zhanbas-Kala), 아야브-칼라(Ayaz-Kala), 키질-칼라(Kyzyl-Kala), 톱락-칼라(Toprak-Kala), 코이-크릴간-칼라(Koi-Krylgan-Kala), 쿠르가신 칼라(Kyrgashin-Kala), 대형 키르키즈 칼라(Big Kyrkiz Kala) 등의 성채 유적들이 남아 있다.

아야즈 칼라 유적

미즈다칸 공동묘지

카라칼팍스탄의 수도인 누쿠스에서 서쪽으로 30km 떨어진 곳에 독특하고도 불가사의한 미즈다칸(Mizdahkan)이라는 공동묘지 단지가 있다. 이 단지에는 지하 모스크와 12세기경의 영묘, 25m 길이로 7개의 돔으로 이뤄진 샤문 나비 영묘(Shamun Nabi mausoleum) 등으로 가득하다. 중앙아시아에서 가장 오래된 공동묘지로 '죽은 자들의 도시'라는 뜻의 '네크로폴리스(Necropolis)'라는 별명도 붙어 있다. 여기에 조로아스터교와 관련된 몇 가지 흔적이 있다.

조로아스터교의 발생지가 고대 호레즘이라는 사실은 이미 인정하는 바다. 전설에 따르면, 조로아스터가 바로 이곳 미즈다칸에서《아베스타(Avesta)》경전의 첫 소절을 이야기했다고 한다. 따라서 이곳은 세계에서 가장 오래된 유일신 종교의 탄생지였다고 할 수 있다. 하지만 기원전 334년, 알렉산드로스의 침략으로 미즈다칸의 조로아스터교는 더는 회복이 불가능할 만큼 철저히 무너졌고, 사제들은 무참히 학살당했다. 이로 인해 그들이 구축해낸 생생한 소통 시스템도 무너지고 말았다.

미즈다칸 네크로폴리스

테르메즈, 불교의 도시

　테르메즈는 우즈베키스탄의 가장 오랜 도시 가운데 하나다. 우즈베키스탄 최남단에 자리잡고 있는 수르한다리야(Surxondaryo)주에 속하며, 간다라 미술의 화려함을 간직한 쿠샨 왕조의 보석 같은 도시다. 농경과 수렵, 어로가 가능한 풍족한 자연환경을 갖추고 있어 과거에는 박트리아와 소그드를 연결하는 핵심 도시였고, 현재는 아무다리야강 줄기를 따라 아프가니스탄과 국경을 맞대고 있는 군사 전략상의 요충지이기도 하다. '테르메즈'는 그리스어로 '더운 곳'이라는 뜻이다. 알렉산드로스왕이 이곳을 강점하면서 붙인 이름인데, 실제 여름철에는 기온이 40℃를 훌쩍 넘길 만큼 무더운 지역이다. 고대 자료에는 알렉산드로스왕이 아무다리야강 연안에 '옥수스의 알렉산드리아'라는 도시를 건립했다는 내용이 있어 그 도시가 바로 테르메즈인 것으로 추정한다. 기원전 3세기 테르메즈는 새롭게 세워진 박트리아 왕국의 영토로 편입되면서 북부 박트리아 최대 도시이자 경제와 문화의 중심지로 성장했다. 그러나 박트리아가 2세기 만에 월지족에 의해 붕괴되고, 기원전 1세기에 쿠샨 왕조가 등장하면서 헬레니즘과 유목문화의 전통이 융합된 독특한 문화가 형성되었다.

　테르메즈는 초기 불교 역사에서 가장 큰 확장과 발전을 이룬 쿠샨 왕조의 중심 도시였다. 특히 110년을 전후해서는 제3대 왕인 카니슈카(Kanishka)의 불교 보호정책에 힘입어 중앙아시아 최대 불교 중심지로 성장했고, 시내 각 구역에는 장엄하고 아름다운 대규모의 불교사원이 출현했다. 관념적 종교에 지나지 않던 불교가 헬레니즘과 만나면서 신을 인간의 모습으로 표현하기 시작했고, 이를 '간다라(Gandhara) 미술' 또는 '간다라 양식'이라 부른다. 간다라 지방은 지금의 우즈베키스탄에 인접한 파키스탄과 아프가니스탄을 포함하는 지역으로 시기적으로는 기원전 1세기경부터 시작된 것으로 추정된다.

　오늘날 테르메즈를 상징하는 대표적 유적인 파야즈 테파(Fayaz Tepa), 카라 테파(Karatepa), 달베르진 테파(Dalverzin Tepa), 자르 테파(Zar Tepa), 주르말라(Jürmala) 대탑 등이

(상) 테르메즈 불교의 번성과 쇠락을 상징하는 주르말라 대탑
(하) 1~2세기 간다라 불교 양식으로 표현된 여성 악기 연주자들. 헤리티지박물관, 상트페테르부르크

모두 불교와 관련된 건축물들이다. '테파(tepa)'는 우즈베키스탄어로 '언덕'을 뜻한다. 630년 이곳을 지나 인도로 향하던 현장스님은 《대당서역기》에서 이 도시를 '달밀국(呾蜜國)'으로 칭하며 다음과 같이 소개했다. "달밀국은 동서로 600여리, 남북으로 400여리, 도성의 둘레는 20여리에 달하며, 동서로 길고 남북으로 좁은 모양이다. 이곳에는 10개 이상의 사원이 존재하며, 스님들은 1,000여명에 이른다. 사원에는 수많은 탑과 불상이 있는데, 매우 신기하고 기이하며 영험이 있다."

테르메즈의 불교 역사는 쿠샨 왕조의 흥망성쇠와 궤를 같이한다. 4세기 쿠샨 왕조가 저물어가자 테르메즈 역시 사산 왕조의 페르시아와 에프탈의 공격에 허물어졌다. 도시의 규모는 현저히 줄어들었고, 기능도 성내 구역으로 한정됐다. 이어 6세기 투르크, 8세기 아랍의 압바스 왕조를 거치면서 테르메즈는 중앙아시아의 중심 도시라고 말하기 어려울 만큼 피폐해졌다. 불교사원 역시 이교도들의 파괴 행위와 주민들의 무관심 속에 몰락했다. 흙벽돌로 쌓아올린 거대한 불교사원은 비와 눈에 의해 스러졌고, 한치 앞도 분간할 수 없는 여름철 모래바람은 결국 흔적조차 알아볼 수 없도록 언덕 밑으로 감추고 말았다.

쿠샨 왕조 시대에 건설된 주르말라 대탑은 중앙아시아에서 가장 오래된 불교 조형물 중 하나이며, 테르메즈 불교의 번성과 쇠락을 한눈에 보여주는 상징적인 건축물이다. 이는 전형적인 쿠샨의 탑 양식으로 직사각형의 기단 위에 흙벽돌을 쌓아올려 세워졌다. 원래는 8층 건물 높이인 26m에 달하는 거대한 탑이었지만, 현재는 외탑이 벗겨지고 내탑이 외부에 드러난 상태다. 이마저도 본래 크기의 절반인 높이 13m, 둘레 14.5m의 벽돌더미만 남았다. 이슬람이 들어온 후에는 봉화대로 사용되다 버려졌고, 최근에야 비로소 불탑임이 밝혀졌다. 더욱 안타까운 것은 이마저도 밀밭 가운데 버려지다시피 방치돼 있어 파괴와 침식으로 인한 붕괴가 여전히 진행 중이라는 점이다. "모든 것은 변하며, 영원한 것은 없다"는 부처의 가르침을 제 몸 무너뜨려 여실히 보여주고 있다.

지금의 테르메즈는 13세기에 새롭게 건립한 도시다. 1220년 가을, 칭기스칸 군대에 포위당한 테르메즈 주민들은 열흘간 격렬히 저항했지만, 도시는 불타고 주민들은 살육 당했다. 간신히 살아남은 이들은 도시를 버리고, 도시에 물을 공급했던 수로의 상류 쪽으로 이동해 현재의 위치에 새로운 테르메즈를 세웠다.

파야즈 테파

파야즈 테파(Fayaz Tepa)는 테르메즈를 대표하는 불교 유적으로 1~3세기경에 만들어졌다. 지하에 위치한 거대한 구조의 건축물에는 놀랍게도 불상을 안치했던 법당과 스님들이 거주했던 요사, 사람들이 모여 공부하고 법회를 열었던 강당 등이 있었다.

사원에서 발굴된 조각상과 토기는 그 우아함과 정교함이 돋보인다. 특히 보리수 아래 가부좌를 틀고 앉아 있는 부처님과 그 좌우에서 합장한 채 예를 올리는 아난과 가섭의 모습이 새겨진 부조는 압권이다. '비나야 삼존불'로 불리는 이 조각상은 현재 타슈켄트 국립역사문화박물관에 모셔져 있다. 이곳에서는 3세기경 조성된 벽화가 발굴되기도 했는데, 수많은 불자가 파야즈 테파 사원에 모여 기도하는 모습이 담겨져 있다. 또 박트리아 문자로 표기된 다양한 경전들이 발견되기도 했다.

파야즈 테파의 또 다른 주요 유적 중 하나는 사원 옆에 위치한 거대한 탑이다. 1세기에 조성된 것으로 추정되는 이 탑은 2층 기단 위 정중앙에 직경 2.62m의 복발(伏鉢)형 탑신이 자리하고 있다. 탑신은 흙벽돌을 쌓아 올려 기본 형태를 만들고, 그 위에 진흙과 석고 혼합물을 덧칠했으며, 주변을 연꽃과 법륜으로 장식했다. 또 기단 동쪽 면 중앙에는 탑돌이 의식을 위한 계단이 설치돼 있다. 널찍한 상하층 이중 기단과 기단 중앙에 원기둥 모양의 둥근 탑은 금산사나 통도사의 금강계단을 닮았다. 실제 고고학자들은 우리나라 금강계단이 파야즈 테파에서 유래된 것으로 보고 있다. 커다란 반구형 구조물 안에 보호되어 있는 탑신은 작은 출입문을 통해 직접 참배할 수 있다.

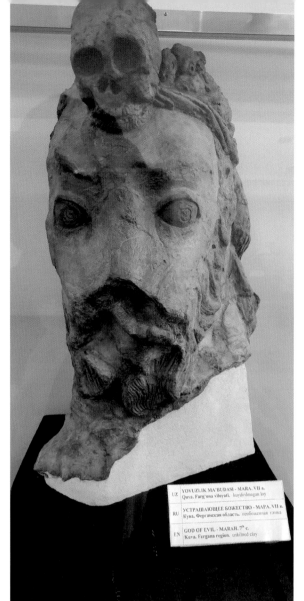

(상) 7세기 악의 신 두상. 페르가나 쿠바 정착지 출토. 국립예술박물관, 타슈켄트

(하) 파야즈 테파의 스투파

(상) 파야즈 테파

(하) 카니쉬카 왕의 동전. 파야즈 테파

카라 테파

카라 테파(Kara Tepa)는 테르메즈 도심 북서쪽에 위치하고 있으며, 파야즈 테파에서 서쪽으로 1km 남짓 떨어져 아무다리야강을 끼고 솟아 있는 3개의 언덕이다. 아프가니스탄 국경과는 불과 100m 거리다. 3개 언덕 전체가 사원인 카라 테파의 총 면적은 8만m²에 달하며, 1세기에 처음 가람(伽藍)이 세워진 후 200여 년간 규모를 키우며 확장됐다. 카라는 우즈베키스탄어로 검다는 뜻이다. 카라 테파는 발굴 당시 화마의 피해를 입은 듯 땅속에서 엄청난 양의 검은 재가 발견돼 붙은 이름이다. 남쪽 지역은 3개의 언덕 가운데 지대가 가장 높고 넓다. 여기서 말발굽 모양의 대규모 사원터가 발굴되었으며, 그 가운데서 부처님과 보살, 코끼리, 사자, 가루다 등의 벽화나 조각들이 사원의 장엄함을 말해 주고 있다.

카라 테파가 더욱 주목받는 것은 정사각형의 높은 기단 위에 조성된 탑 때문이다. 초창기에는 원형으로 조성됐던 탑의 기단이 1세기부터는 인도 북서부 지역에서 정사각형 기단으로 나타나기 시작했다. 이런 양식이 테르메즈 등 쿠샨 전역으로 퍼져나간 것은 2~3세기경이다. 같은 장소에서 원형 기단과 정사각형 기단이 함께 발견됐다는 점에서 탑 형식의 발전과 불교문화의 이동 과정을 추적하는 중요한 단서가 되고 있다. 카라 테파의 전성기는 테르메즈의 구성원 증가와 함께 도시의 사회적·문화적 활동에도 많은 영향을 주었을 것이다. 목욕탕은 아무다리야강의 물을 끌어다 운영했을 정도로 당시 최고의 수행시설이었다.

3세기 보살상, 테르메즈 출토, 국립역사박물관, 타슈켄트

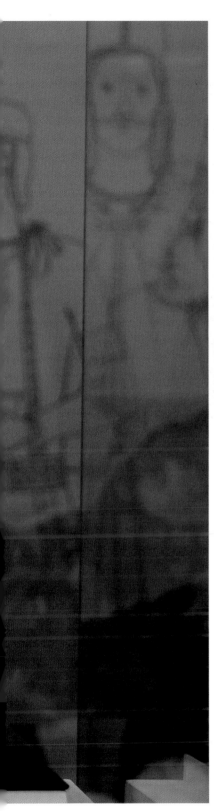

(좌) 2세기 불상. 테르메즈 출토. 국립역사박물관, 타슈켄트
(우) 7세기의 불상. 페르가나 쿠바 정착지 출토. 국립예술박물관, 타슈켄트

Quyosh ilohining tasviri. I-II asrlar. Fayoztepa.
Ko`hna Termiz.
Image of sunny divinity. I-II cent. Fayaztepa.
Old Termez.
Изображение солнечного божества. I-II вв.
Фаязтепа. Старый Термез.

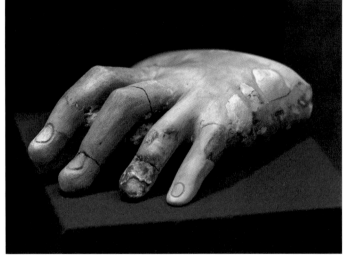

(좌) 2세기 불상 파편. 테르메즈 출토. 국립역사박물관, 타슈켄트
(우) 2세기 태양신상. 테르메즈 출토. 국립역사박물관, 타슈켄트

2세기 쿠샨 왕자, 테르메즈 출토, 국립역사박물관, 타슈켄트

달베르진 테파

달베르진 테파(Dalverzin Tepa)는 테르메즈 북쪽 200km 거리에 위치해 있다. 작은 마을 전체가 유적지인 이곳은 박트리아 시기인 기원전 3~2세기에 처음 도성이 축조되기 시작해 쿠샨 왕조 때 크게 확장되었다. 이곳에서는 다양한 크기의 불상과 대형 보살상이 여러 점 발견됐다. 특히 보살상은 위엄 있는 자세와 당당한 풍채가 돋보이는 수작으로 머리에는 터번을 두르고 편단우견(偏袒右肩), 즉 오른쪽 어깨를 드러내는 모양새의 법의를 입고 있다. 동시대 간다라 지역의 불상과 비교해 두발이 풍성하고 장신구가 많아 호화롭다는 점이 특징이다. 이곳에서 출토된 한 항아리에서는 36kg에 달하는 황금 유물 115점이 발견돼 화제가 되기도 했다.

불국토(佛國土)를 꿈꿨던 테르메즈는 3세기 말 쿠샨 왕조의 몰락과 함께 파괴되고 황폐해졌다. 사산 왕조의 침략으로 사원 내에는 조로아스터교 제단이 설치됐으며, 스님들의 요사(寮舍)로 사용되던 동굴은 묘지로 전락했다. 8세기에 이르러 이슬람 국가가 된 후에는 사원의 절반 정도가 모래언덕 아래에 파묻혔으며, 일부는 은둔자들의 주거지나 무슬림들의 의식공간으로 활용됐다. 사원을 장엄하게 했던 아름다운 조각들은 우상을 숭배하지 않는다는 이슬람 교리에 따라 형체를 알아볼 수 없게 뭉개지고 파괴됐다. 사람들의 무관심 속에 잊혔던 유적들은 천년의 세월이 지나서야 우리 앞에 다시 나타난 것이다.

우즈베키스탄 내에는 전국 각지에 많은 불교 관련 기록이 있지만 현재 대부분의 유물과 유적이 발굴되는 곳은 남부의 수르한다리야 지역이다. 이슬람화와 함께 불교의 유적을 파괴하거나 제거해버린 아프가니스탄과 파키스탄을 제외하면 우즈베키스탄은 초기 불교의 유적이 비교적 잘 보존되어 있다고 할 수 있다.

달베르진 테파 불교 사원지

(상) 2~4세기 불상 파편. 테르메즈 출토. 국립역사박물관, 타슈켄트

(하) 3~4세기 인물상 파편. 테르메즈 출토. 국립역사박물관, 타슈켄트

(상) 2세기 인물상 파편. 테르메즈 출토. 국립역사박물관, 타슈켄트
(하) 3~4세기 장식 파편. 테르메즈 출토. 국립역사박물관, 타슈케트

✾ 알 콰리즈미

로마 숫자로 CLXXXVIII은 인도-아라비아 숫자로 188이다. 얼마나 간편한 가? 숫자 0부터 9까지 사용하는 현대 수 체계의 초기 형태는 인도에서 이미 기원전 3세기에 사용되고 있었다. 인도 학자들은 후에 바그다드에 있는 '지혜의 집(Bayt-al-Hikma)'에 자신들의 수학 지식을 전했다. 이는 아랍어로 써졌고, 중세 학자들을 통해 서양에 전파되었다. 이 학자들 가운데 가장 대표적인 인물이 알 콰리즈미다. 그는 780년 무렵 호레즘이라 불리는 오늘날의 우즈베키스탄 히바 근방에서 태어났다. 그리고 바그다드로 이주하여 주로 지혜의 집에서 연구하며, 수학자이자 천문학자로서 명성을 떨쳤고, 과학 서적 번역에도 힘썼다. 어떤 문제를 해결하기 위한 절차, 방법, 명령어들의 집합을 뜻하는 알고리즘(Algorithm)이라는 개념도 그의 이름 알 콰리즈미(Al-Khwarizmi, 780~850)에서 나왔다.

특히 대수학(代數學, Algebra)에 관한 그의 책《완성과 균형에 의한 계산 이론(Kitab al-jabr wa'l-muqabalah)》만큼 그의 천재성을 잘 드러낸 책은 없다. '알지브라(Algebra)'는 바로 이 책의 제목 에서 나왔다. 그는 이 책을 지혜의 집을 창설하고 관장하던 칼리프 알마문(al-Mamun, 786~833)에게 바쳤고, 서문에서 책 내용이 상속, 유산, 분할, 법률 소성, 교역, 측량, 수로건설 등에 활용할 수 있는 것들이라 종교적으로나 현실적으로 매우 유용하다고 강조했다. 아랍의 대수학은 그렇게 시작되었고, 그 후 수세기에 걸쳐 알 콰리즈미의 유명한 이차방정식들은 일반화되었다. 그는 '대수학의 아버지'로 불리기도 하는데 대수학은 수학 역사상 가장 중요한 개념이며, 모든 과학 분야의 근간을 이루는 것이라고 할 수 있다. 그는 이 책에서 그리스 전통의 기하학적 증명법을 결합시키기도 했는데, 서로 다른 전통을 접목시키는 아랍의 전형적인 방식이라고 할 수 있다.

또 다른 책인《힌두 수학에 의한 계산법(Algoritmi de numero Indorum)》에서는 십진법을 실생활에서 사용하는 법을 설명했으며, 덧셈, 뺄셈, 곱셈, 나눗셈을 만들고 0과 위치값을 처음으로 사용하기도 했다. 이 책은 인도-아라비아 숫자를 서양으로 전파하는 데 결정적인 역할을 했으며, 로마 숫자는 자연스레 밀려나기 시작했다. 그의 이론은 대수학뿐만 아니라, 연산, 삼각법 연구가 활발히 진행될 수 있는 초석이 되었다. 중앙아시아의 학자들은 소수(素數)를 사용하는 새로운 방법을 고안했으며 면적과 부피를 구하는 새로운 계산법도 알아냈다. 서양의 건축가들은 십자군 전쟁이 벌어지던 시기에 이르러서야 무슬림 포로들과 이민자들의 도움을 받아 이런 지식을 터득했다. 알 콰리즈미의 책들은 라틴어로 번역되었고, 인도-아라비아 숫자를 서양에 보급한 인물은 이탈리아 수학자 레오나르도 피보나치(Leonardo Fibonacci, 1170~1250경)였다. 유럽에서 인도-아라비아 숫자가 대중화된 것은 15세기였다.

알 콰리즈미는 수학뿐만 아니라 과학에도 크게 기여했다. 과학에 관한 그의 지적 영감 역시 인도 과학에서 유래했다. 인도의 과학이 이슬람과 충돌하지 않았던 것은 다행스러웠지만, 갑작스레 유입된 자연 세계에 대한 새롭고 낯선 사고방식은 이슬람의 지적 생활에 상당한 영향을 끼쳤다. 실제로 8세기 초에 이미 인도와 이란의 초기 천문표들을 통해 외부 영향들이 산발적으로 아랍에 스며들기 시작했다. 그런 천문표들을 아랍어로 '지즈(zij)'라 불렀는데, 원래는 전통적인 직조법의 질서정연한 조직성을 의미했다. 8세기 후반에는 인도의 현자 브라마굽타의 《시단타(Siddhanta)》가 유입되기도 했다. 여기에는 주로 천구, 별, 수학 등의 힌두 지식이 담겨 있었으며, 이를 아랍어로 번역하고 대중화시킨 사람이 바로 알 콰리즈미다.

알 콰리즈미는 825년 알마문의 요구로 《시단타》의 요약본과 함께 천문주기표 《지즈알신드힌드(Zij al-Sindhind)》를 펴냈다. 이는 이슬람 세계에서 수백 년 동안 사용되었고, 나중에는 기독교 유럽에서도 사용되었다. 그의 천문표는 아랍 과학의 기본 원리로 자리잡았고, 스페인에서는 그것이 오랫동안 인기를 누렸다. 뿐만 아니라 처음 만들어진 지 1천년이나 지난 뒤에도 이집트에서는 여전히 사용하고 있을 정도다. 그 외에도 그는 천문 관측으로 지구 자오선의 1도 길이를 측정하고, 그리스의 천문학자인 프톨레마이오스의 sin표를 수정하는 등 다양한 활동을 하였다.

알 콰리즈미의 이론이 널리 알려지기까지는 오랜 세월이 걸렸다. 하지만 지금

알 콰리즈미 동상. 히바

은 그의 이론과 그와 관련된 계산법이 상업과
산업은 물론, 과학과 기술 분야 전반에 스며들
어 없어서는 안 되는 필수 요소로 자리잡았다.
그리스 천문학자들은 삼각형의 각도와 변의
길이를 계산하는 면에서 선도적인 역할을 했
다. 무슬림 학자들은 삼각법을 이용해 삼각형
의 각도와 변의 길이를 계산하면서 천문학 연
구를 발전시켰고, 메카의 방향도 알아냈다. 메
카의 방향을 알아냈다는 것은 무슬림들에게는
큰 의미를 지닌 사건이다. 왜냐하면 이들은 기
도를 할 때면 메카를 향하고, 전통에 따라 무덤
도 메카 방향으로 만들고, 가축을 도살할 때도
메카 쪽을 향하기 때문이다. 수학, 지리학, 천
문학 등의 분야에서 알 콰리즈미의 업적은 대
수학과 삼각법을 혁신하는 데 기반을 제공하
였다고 할 수 있다. 아날로그 컴퓨터라고 할 수
있는 이슬람 천문의 '아스트롤라베(Astrolabe)'에
관한 저작 역시 수백 년 동안 생명력을 유지했다.

아스트롤라베(Astrolabe)

✿ 알 비루니

알 비루니(Abu Rayhan Muhammad ibn Ahmad al-Biruni, 973~1048)는 아랄해 인근에서 태어난 천문학자다. 그는 1492년 유럽인들에게 신대륙의 존재를 처음 알린 크리스토퍼 콜럼버스(Christopher Columbus)보다 500년 가까이 먼저 신대륙의 존재를 예견했던 인물이며, 수학·천문·지리·어학·역사에 능통한 이슬람 황금기의 가장 위대한 학자였다. 그런가 하면, 인도에서 중동에 이르는 각 지역의 문화와 관습을 편견 없이 기록해 최초의 인류학자로 불리기도 한다.

알 비루니는 17세 때부터 중동에서 인도에 이르는 각 지역의 위·경도를 밝혀냈고, 지구가 둥글다는 사실도 확인했다. 그는 당시 알려진 모든 땅을 투영법을 활용해 지도로 만들기 시작했다. 해수면 상에 있는 두 지점을 택해 그 사이의 거리를 측정한 후 두 지점과 산 정상 사이의 각도를 측정했다. 천체의 높이나 각거리를 재는 천문관측기구인 아스트롤라베를 사용해, 두 각도와 거리 값을 삼각함수에 대입해 산의 높이를 밝혀낸 것이다. 그리고 다시 산의 꼭대기에 올라 천문학적 수평선과 실제 수평선 사이의 각도를 측정했고, 이를 이용해 지구 반지름을 구했다. 그가 구한 값은 6,339.9km로 현재 측정값과의 오차는 16.8km에 지나지 않는다.

그는 30세에 지구 둘레도 계산해냈고, 그 반지름과 둘레 길이를 이용해 지구 표면적을 계산했다. 계산 결과 아프리카 서쪽 끝에서 중국의 동쪽 끝에 걸친 땅덩어리가 지구 면적의 5분의 2를 차지한다는 사실을 밝혀냈다. 결국 지구에는 하나 이상의 대륙이 존재할 것으로 생각했고, 고대 그리스 문헌과 지중해 지리 정보 등 문헌과 관측을 토대로 '새로운 세계'가 존재한다는 결론에 다다랐다. 비루니의 성과는 선대 이슬람 학자들의 학술 연구를 토대로 했다. 칼리프 알 마문은 830년 이슬람 천문학자와 지질학자들에게 예언자 무함마드가 태어난 메카가 지구상 각지에서 어떤 방향으로 어느 정도 떨어져 있는지를 파악하도록 연구하게 한 적이 있다. 이를 계기로 9세기 이슬람 세계는 위도 1도의 거리가 111.8km, 지구 둘레 길

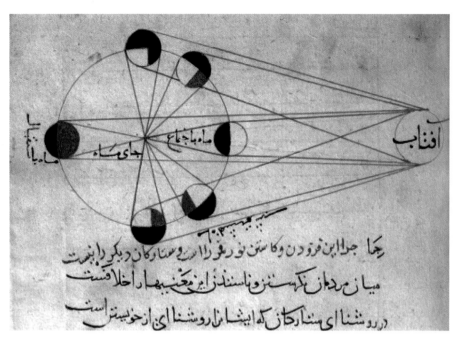

달의 변화. "Kitab al-Tafhim" by Al-Biruni

이가 40,248km임을 밝혀냈다. 오늘날의 측정 결과 위도 1도가 111.3km이므로 겨우 0.5km 정도밖에 차이나지 않는다. 지구 둘레 역시 40,068km여서 180km의 오차를 보이고 있으니, 당시 이슬람 학자들의 천문지리학 수준이 얼마나 높았는지를 가늠할 수 있다.

눈으로 직접 본 것은 아니기 때문에 알 비루니가 신대륙을 발견했다고 할 수는 없을지 모른다. 게다가 바이킹은 1000년이 되기 조금 전에 북미 대륙에 정박한 사실도 있지만, 자신들이 신대륙에 닿았다고 생각하지 못했다. 그러나 알 비루니는 지적인 과정을 통해 신대륙의 존재를 예견했고, 꼼꼼한 관측과 세심한 양적 분석, 엄격한 추론으로 얻어낸 성과였으므로 그를 '사실상의 발견자'라고 해도 될 것이다.

1031년에 쓴 그의 책《인도사(History of India)》는 여행기이지만 각 도시의 위도와

1973년 러시아에서 발행한 알 비루니 우표

경도를 파악하여 기록에 남겼으며, 지질층리 (地質層理)와 화석도 관찰하여 인도가 한때는 대부분 바다였다는 결론을 내렸다. 그런가 하면 인도의 역사와 문화, 종교에 대해서도 광범한 기록을 담았다. 힌두교 경전이나 철학서 이외에도 불교 관련 기록도 상세히 남겼다. 물론 무슬림인 알 비루니 입장에서 불교 신도들을 긍정적으로 평가하기는 어려웠지만, 석가모니 부처를 칭송하는 기록은 남겼다. 알 비루니는 인도의 석조 수조를 보면서 무슬림들의 기술 수준은 아직 이 정도로 발전하지 못했다는 기록을 남겼다가 비판을 받기도 했다. 하지만 자문화 중심주의에서 벗어나 인도 문명을 객관적으로 파악하는 데 상당한 노력과 성과를 보여줬다. 고대 그리스 문화와 역사에도 정통했던 알 비루니는 고대 그리스의 다신교와 인도의 힌두교가 상당 부분 유사하다는 점을 확인하고 기록에 담기도 했다.

알 비루니는 역법(曆法)에도 뛰어났다. 그는 구약성경에 나온 연대기와 조로아스터교 신화에 나오는 연대기를 비교해 서로 날짜가 다르다는 사실을 확인했다. 그리고 그것은 사람들이 편견에 사로잡혀 자의적으로 시간을 단축하거나 늘리기 때문이라고 했다. 심지어 역사와 내력을 조작하기도 한다는 것이다. 그는 역사는 추론에 기반해야 하며, 이를 위해서는 천문학 역법에 대한 올바른 이해가 필수라고 주장했다. 시간을 계산하는 합리적인 체계가 없다면 제대로 된 연대표는 존재할 수 없으며, 연대표가 없다면 과거에 대한 합리적인 이해는 불가능하다. 실제로 고대 그리스인들은 기하학과 천문학을 기반으로 논리적 주장을 철저하게 고수했으며, 유대인들과 달리 신화나 종교적인 영감에 의존하지 않았다고 믿었다. 알 비루니가 저술한 고대 국가들의 연표가 등장하기 전에는 세계사가 없었고 쓰일 수도 없었다. 그때까지만 해도 종교와 문명을 관통하는 통합적 시간 측정의 기반이 없었기 때문이다. 알 비루니는 세계적인 역법 체계를 정리하였고, 그 결과 통합된 세계사 구축을 위한 필수적인 도구가 마련되었다.

그는 말년에 가즈니 왕조의 술탄 마흐무드 밑에서 일했다. 당대의 사람들은 과학을 일종의 마법으로 생각하고 있었다는 일화가 있다. 알 비루니는 마흐무드의 요청에 따라 미래를 예측해 준 적이 있는데, 예측이 들어맞았다는 이유로 하마터면 목숨을 잃을 뻔했다. 마흐무드는 비루니가 자신에게 마법을 걸었다고 의심했기 때문이었다. 이븐 할둔(Ibn Khaldūn)의 《역사서설(Muqaddimah)》에 의하면, 중세 이슬람권에서는 하나님의 힘으로 무언가를 대신하려는 행동은 '기도'이고, 정령의 힘을 빌어 특별한 일을 하려는 행동은 '주술'이며, 인간의 마력으로 영험한 일을 하려는 행동은 '마법'이라고 했다. 중세인들 입장에서 인간 스스로 이성의 힘으로 특별한 일을 시도한 알 비루니가 마법사로 보였던 것이다.

✤ 이븐 시나

단테(Durante degli Alighieri, 1265~1321)는 그의 저서 《신곡(La Commedia di Dante Alighieri)》에서 5명의 무슬림을 등장시키고 있다. 이슬람의 창시자 무함마드, 시아파의 창시자 알리, 의학자 이븐 시나, 철학자 이븐 루쉬드 그리고 십자군을 격파한 살라딘이다. 무함마드와 알리는 지옥의 깊은 곳에서 끔찍한 형벌을 받고 있는 것으로 묘사했다. 그들은 '불화의 씨를 뿌린' 죄목으로 몸이 두 쪽으로 갈라지거나 가슴이 찢어져 창자가 튀어나오는 매우 끔찍한 형벌을 받는다.

그러나 이븐 시나를 비롯한 이븐 루쉬드, 살라딘 등 나머지 3명은 '림보(Limbo)'라는 곳에 거하고 있는 것으로 설정했다. 림보는 같은 지옥이기는 하지만 죄가 가장 가벼운 자들이 거주하며 실제는 아무런 처벌도 받지 않고 고통과 괴로움이 없는, 오히려 희망의 공간이다. 이곳에 거주하고 있는 자들은 세례를 받지 못한 채 죽은 어린이들이거나 그리스도 이전에 태어났던 의로운 자들이다. 호메로스, 플라톤, 아리스토텔레스 그리고 구약 성서의 위대한 선지자인 노아, 모세, 아브라함, 다윗 등이 머무는 곳이기도 하다. 단테가 살라딘, 이븐 시나, 이븐 루쉬드(Ibn Rushid)를 고대 그리스의 성현이나 구약의 선지자와 동일한 반열에 올려놓은 것은 비록 무슬림들이긴 하지만 이들의 위대한 도덕성과 학문적 업적을 존경하고 있었다는 것을 의미한다.

라틴어로 아비센나(Avicenna)로도 불리는 이븐 시나(Ibn sina, 980~1037)는 지금의 우즈베키스탄에 속한 부하라 인근의 아프샤나라는 마을에서 태어났다. 그의 아버지는 아프가니스탄 출신의 페르시아인이었으며, 부하라를 수도로 삼고 있던 사만 왕조에서 태수로 봉직했다. 당시는 한때 중동 전체를 지배했던 압바스 왕조의 쇠퇴기였다. 사만 왕조도 명목상으로는 바그다드의 칼리프에게 충성하고 있었지만 사실상 독립된 왕조였다. 어린 이븐 시나는 '신동'이었다. 10세 때 코란 전체를 암기해 낭송할 수 있던 것도 놀라웠지만, 그가 의학 부문에서 보여준 재능은 더 놀라웠다. 그는 의학을 '쉬운 학문'이라며 순전히 독학으로 달인이 되었다. 그

이븐 시나 흉상. 부하라

것은 17세 때 사만 왕조의 왕자인 누흐 이븐 만수르 태수의 중병을 고치면서 입증되었다.

왕실의 신임을 얻은 이븐 시나는 왕실 도서관에 무상출입할 수 있는 자격을 얻었다. 그는 평생 손에서 책을 놓지 않았고, 그토록 경이적인 머리를 가지고도 때로는 벽에 부딪히기도 했다. 아리스토텔레스(Aristoteles)의 《형이상학(Metaphysics)》을 접한 그는 40번이나 책을 읽었지만 핵심을 파악하지 못했다. 절망에 몸부림치던 그는 대철학자 알 파라비(Al-Farabi)의 주석서를 읽고 나서야 아리스토텔레스를 완전히 이해할 수 있었다. 이븐 시나는 기쁨에 넘쳐 거리로 뛰쳐나가, 뛰고 달리고 춤추었다고 한다. 1005년 투르크족의 침입으로 사만 왕조가 무너지자 25세의 그는 고향을 떠나 30여 년 동안의 유랑생활을 시작한다. 이때 틈틈이 쓴 글이 400편이 넘는다. 아랍어와 페르시아어로 쓰여진 그의 글은 아쉽게도 지금 240편 남짓 전해지며, 대부분 학문 분야의 주제로 사람의 손끝으로 전해졌다. 이처럼 이븐 시나의 학문은 전방위적이었으나, 후세에 큰 영향을 끼친 것은 단연 의학과 철학이다.

철학자로서 이븐 시나는 이슬람교나 기독교 같은 절대적 일신교가 당면했던 문제, 즉 유일신에 대한 맹목적인 신앙과 합리적인 철학적 사고를 어떻게 조화시킬 것인가의 문제에 정면으로 맞섰다. 로마제국 말기의 기독교 교부들처럼 이븐 시나도 고대 그리스 철학을 응용함으로써 해결책을 마련했는데, 플라톤과 아리스토텔레스의 철학을 절충하고 종합한 것이 특징이었다. 이븐 시나와 이븐 루쉬드 같은 이슬람 철학자들은 이성을 포기하지 않으면서 신앙을 유지하는 방법을 그들이 재발견하고 재구성한 고대 그리스 철학에서 찾았던 것이다. 그래도 남는 의문은 수백 년을 이어가다가, 15세기 비잔틴 제국의 멸망과 그에 따른 고대 그리스 문명의 재해석에 힘입어 비로소 해결되었다. 종교개혁은 이성과 신앙의 불편한 결혼관계를 청산한다는 의미였다.

철학 못지않게, 아니 어쩌면 그 이상으로 서구세계에 크고 긴 영향을 미친 것이 이븐 시나의 의학이다. 그의 《의학정전(al-Qanun al-Tibb)》은 의학이론, 약물이론, 병리학과 치료법, 외과 처치법, 독물과 해독법 등 다섯 권으로 이루어져 있다. 그 기본은 갈레노스(Claudius Galenus, 129~199)의 의학이지만, 아랍과 페르시아의 전통 요법과 임상실험을 통한 지식이 덧붙여져 있다. 최초로 안구 해부도를 넣고 심리상태에 따라 병이 악화되거나 완화될 수 있음을 제시했으며, 마음을 편안히 하고 운동을 하여 심신을 단련해 둘 필요성을 언급하기도 했다. 특히 그는 근대 서양의학에서처럼 병을 옮기는 미생물과 바이러스가 있다는 사실을 추정하고, 위생에 주의하고 검역소를 설치하여 전염병에 대처할 것을 주문했다.

《의학정전》은 유럽에서도 번역되어 널리 보급되었으며, 12세기부터 17세기까지 약 600년 동안 프랑스와 이탈리아의 모든 대학에서 의학연구의 기본서로 사용되었다. 17세기에만 라틴어로 15차례, 히브리어로 1차례 편집되었으며, 18세기까지 출판이 계속 이어졌다. 19세기 초까지 프랑스 몽펠리에 의과대학 강의교재로 사용되었고, 오늘날에도 파키스탄과 인도 등 이슬람 의학이 있는 곳에서 교육되고 있다. 그는 '의학의 아버지' 혹은 '의성(醫聖)'으로 불리기도 했고, '의사들의 왕자', '이슬람의 갈

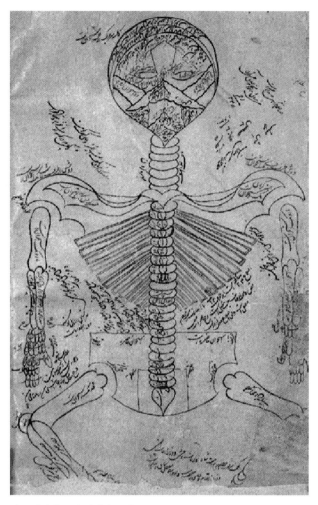

이븐 시나가 그린 인체의 골격구조

레노스'로 알려졌을 정도로 이슬람 의학뿐만 아니라 전 세계 의학 발전에 핵심적인 역할을 했다. 특히 이슬람권 내에서는 '학문의 왕'이라는 별명을 얻어 이슬람 문명이 화려하게 꽃피던 시절을 대표하는 인물이다.

결국, 인간의 육체성을 긍정하는 태도와 실험과 실증을 중시한 이븐 시나는 13세기의 로저 베이컨(Roger Bacon, 1220~1292)과 같은 학자들에게 수용되면서 서구 근대화에 하나의 실마리를 제공했다.

✳️ 아미르 티무르

아무르 티무르(Amir Timur, 1336~1405)는 우즈베키스탄이 건국의 아버지로 삼는 영웅이다. '아미르'는 사령관, 총독을 의미한다. 그의 등장으로 우즈베크의 민족적·정치적 정통성이 수립되기 시작했다고 할 수 있다. 어린 시절 티무르는 유목 사회에서 이슬람 교육을 받으며 성장했다. 그가 자란 케슈(Kesh)는 사마르칸트 남쪽으로 80km쯤 떨어진 곳으로 오늘날의 샤흐리삽스(Shahrisabz)다. 티무르는 33세가 되던 1369년 제국의 대권을 거머쥐고 발흐(Balkh)에서 자신을 차가타이의 유일한 계승자임을 선언했다. 그리고 스스로 등극하여 1370년 사마르칸트를 수도로 삼고, 본격적으로 티무르 제국의 기반을 구축하기 시작했다. 비록 왕좌에는 올랐지만 스스로 '칸'이라 칭하지는 못했다. 당시는 칭기스칸의 직계 후손이 아니면 칸이라는 칭호를 허락하지 않았기 때문이다. 따라서 티무르조차도 칭기스칸의 후손 가운데 하나를 허수아비 칸으로 내세우고, 자신은 칭기스칸 가계의 비비하늠(Bibi-Khanym)과 혼인한 뒤 '구레겐(Gregen)', 즉 부마(駙馬)라는 칭호로 만족해야 했다.

'칭기스칸'에 비해 '티무르'라는 이름은 우리에게 그리 익숙하지 않다. 하지만 티무르가 정복을 위해 보낸 시간과 다녔던 지역을 보면 오히려 칭기스칸과 비교가 되지 않을 정도다. 사실 칭기스칸은 생애의 대부분을 몽골 초원의 통일로 보냈고, 그가 참가했던 대외 원정은 세 군데, 즉 서하, 금나라, 호레즘뿐이었다. 칭기스칸이 '세계 정복'의 문을 열기는 했지만, 실제로 그것을 완수한 것은 그의 후손들이었다. 그러나 티무르는 1369년 중앙아시아의 유목 부족들을 통합하는데 성공한 뒤, 1405년에 중국을 치러 가다가 사망할 때까지 거의 40년을 유라시아 사방 각지를 원정하고 정복하는 데 몰두했다. 뿐만 아니라 그의 세계 정복은 후손들에게까지 넘기지 않고 자신의 당대에서 완료했다. 그의 후손늘은 가만히 앉아서 열매를 따먹었을 뿐이었다.

티무르 제국은 몽골과 이슬람의 동시 재건을 기치로 내걸었다. 그리고 강력한

티무르 동상. 타슈켄트

티무르박물관. 타슈켄트

티무르 궁정 통치 세밀화. 티무르박물관, 타슈켄트

티무르 제국

친위부대를 꾸려 대외정복에 나섰다. 국력이 절정이던 시절에는 현재의 이란, 아프가니스탄, 파키스탄, 메소포타미아, 코카서스 산맥 지역을 휩쓸었다. 10년 동안 해마다 대외 원정을 나가 호레즘을 병합하고, 다섯 차례나 동차가타이 칸국을 침공하여 복속시키기도 했다. 나아가 킵차크 칸국까지 격파하고 모스크바를 1년 동안 점령했다. 그 후 티무르는 60세가 넘은 나이에도 인더스강을 건너 인도의 델리(Delhi)까지 점령했다. 서쪽으로는 아랍 우마이야 왕국의 옛 수도였던 다마스쿠스(Damascus)를 점령했고, 유럽 쪽으로 방향을 돌려 당시 세계 최고의 제국이었던 오스만 제국 영토까지 진입했다.

1402년 티무르와 오스만 투르크 간에 피할 수 없는 대전이 오늘날 터키의 수도 앙카라(Ankara) 평원에서 벌어졌다. 이 전투의 승리자는 티무르였다. 오스만 제국의 술탄 바예지트(Bayezid) 1세를 포로로 잡아 사형시키자 비잔티움 제국의 황제 요하네스(Johannes) 7세조차 두려움에 떨며 티무르에게 항복했다. 덕택에 콘스탄티

노플은 오스만 제국에 정복당하는 시기를 50년이나 뒤로 미룰 수 있었다. 이로써 티무르는 명실상부한 세계 최고의 통치자로 광대한 동서양 영토를 다스리게 되었다. 또한 30여년의 정복전쟁 결과 서쪽으로 소아시아와 시리아의 지중해 동안에서부터 동쪽으로 차가타이 칸국과 북인도, 북쪽으로 코카서스와 킵차크 칸국을 아우르는 새로운 대제국의 주인이 되었다. 1405년 2월, 그는 70세의 노구를 이끌고 명나라 정벌을 위해 출병한다. 당시 명나라는 영락제(永樂帝, 1360~1424)의 등장으로 승승장구하고 있었다. 그러나 티무르는 시르다리야 강변, 오늘날 카자흐스탄의 오트라르(Otrar)에서 갑작스러운 발병으로 사망한다. 그의 죽음으로 티무르 제국의 정복 전쟁도 막을 내리게 된다. 역사에 만약은 없다지만, 이 두 제국의 만났다면 세계사의 방향을 달라졌을지도 모른다.

티무르의 원정 과정은 살육과 파괴 그 자체였다. 그렇지만 그가 단순한 전쟁광은 아니었다. 누구보다도 실크로드라는 도시 경제의 중요성을 잘 파악하고 있었고, 전통적인 유목 문화와 도시 교역 문화를 접목하는 것이 국가 발전의 초석이라고 믿었다. 이런 생각은 곧바로 시장 경제의 활성화로 이어져 사마르칸트, 부하라, 히바, 페르가나 등 실크로드 거점 도시에 바자르(시장)를 건설하고 국제 통상 활동을 적극 장려했다. 실크로드를 왕래하던 상인들은 자신들의 이익을 지키기 위해 티무르 정권에 적극 협력했다.

티무르의 정복 활동이 점점 확대되면서 넓어진 지배 지역은 더 많은 이익을 가져다주는 선순환 경제 시스템을 마련해주었다. 더욱 중요한 것은 티무르가 당시 문화예술과 과학 발전에 힘을 써 중앙아시아의 르네상스를 이끌었다는 사실이다. 뿐만 아니라 조선의 건국 영웅 태조 이성계와 동시대 인물로, 세종에 이르기까지 중앙아시아와 한반도의 문화 역사를 이어준 중요한 인물이기도 하다.

티무르는 명민한 두뇌와 뛰어난 정치 감각을 가지고 있었다. 무엇보다 왕자들의 지배 영역을 수시로 교체하여 중앙정부의 통치에 개입하는 것을 원천적으로 차단했다. 왕자나 관료들의 정치적 지위와 직책은 보장되고 승계되었지만, 영토와 군대를 동시에 주지는 않았던 것이다. 후계자를 미리 정해놓지 않는 유목의 전통은 티무르에게서도 예외가 아니었다. 때문에 1405년 그가 사망한 이후 4년이나 계속된 권력 투쟁이 끝나고 나서야 티무르의 넷째 아들이었던 샤 로흐(Shah

티무르 목판 부조. 티무르박물관, 타슈켄트

Rokh, 1377~1447)가 술탄이 되었다.

　스페인의 카스티유 국왕이 파견한 클라비호(Ruy Gonzalez de Clavijo)라는 사신이 1403~1405년 사마르칸트를 방문하여 티무르를 만난 적이 있다. 그의 보고를 통해서 티무르의 진면목이 유럽에 널리 알려지게 되었지만, 사실 그 전부터 이미 그의 이름은 유럽에서 공포의 대상이었다. 어느새 유럽의 관문 앞에 서 있는 티무르를 보고 영국의 헨리 4세, 프랑스의 샤를 6세, 카스티야의 헨리 3세 등 유럽의 왕들은 두려워하지 않을 수 없었다. 그들은 '승리의 자비로운 왕자 티무르'에게 무사를 기원하는 아첨의 편지를 보내기도 했다.

　그는 유럽인들에게 자신의 이름을 각인시켰고, 소위 티무르 신화를 남김으로써 대중문화의 아이콘이 되기도 했다. 티무르의 거대한 이미지는 동서를 막론하고 집단 무의식 깊숙한 곳에서 원형을 마주하기도 한다. 그가 가진 공포의 이미지는 다른 한편으로는 구원자이기도 했다. 실제로 비잔틴 기독교인들은 그들의 멸망이 반세기 동안 미루어진 것은 티무르 덕택이라 믿었지만 사실 티무르는 서구에 관심이 없었다. 그 당시 동양의 눈에 유럽은 야만적이고 가난한 변두리에 불과했기 때문이다. 교회와 국가마저 분열되었으니, 이슬람 세계는 실제로 이교도의 땅에서 일어나는 일에 거의 관심을 기울이지 않았다. 티무르의 입장에서 그곳은 두려워할 것도, 배울 것도 거의 없는 곳이었다.

　이러한 현상은 티무르의 이미지에 대한 서구의 인식에 그대로 반영되었다. 티무르와 바예지드는 이슬람 동양과 기독교 서유럽의 이분법적인 줄거리가 되었다. 크리스토퍼 말로(Christopher Marlowe)의 비극 《탬벌레인 대왕(Tamburlaine the Great)》(1587)과 헨델(Georg Händel)의 오페라 《타멀라노(Tamerlano)》(1675)가 등장했다. '타메를란'은 '절름발이 티무르'라는 뜻으로 티무르의 별칭이었다. 티무르가 페르시아 제국과 터키와 아프리카를 정복하고, 마침내 자신이 신보다 더 위대하다고 외치며 《코란(Koran)》을 불태우는데, 오히려 그것이 저주가 되어 그는 다음 해에 사망하고 만다는 내용이다. 이 이야기는 인간의 무한한 가능성을 강조하던 당시 영국의 지적 분위기에 맞아떨어졌고, 그런 의미에서 '세계정복자' 티무르는 아주 적합한 주인공이었던 셈이다. 티무르는 오스만 투르크의 술탄 바예지드를 감옥에 가두고 저녁 식사 때는 테이블 아래에 앉아 개처럼 부스러기를 먹도록 했으며, 자신이 말에 올라탈 때는 네 발로 엎드려 받쳐 주도록 했다. 티무르는 무엇보다 개인적인 능력과 남자다운 자질을 바탕으로 노력한 덕분에 권력을 잡고 하나의 승리에서 다른 승리로 나아가며 다리우스, 알렉산드로스 대왕 그리고 시저와 같은 일을 수행했다고 여겼다. 심지어 그들을 능가하기까지 한 것은 티무르가 그 이전에는 누구도 할 수 없었던 스키타이 부족을 정복했기 때문이다. 그들이 막지 못했던 막강한 바예지드까지 그들을 대신해 완벽하게 제압해 준 대리인이었던 것이다.

서구에서 티무르의 이미지 만들기 작업은 지금까지도 계속되고 있다. 1735년에 등장한 비발디(Vivaldi)의 오페라《Bajazet》이나 1819년에 괴테(Goethe)가《서동시집(西東詩集; West-östlicher Divan)》에 실은 〈겨울과 티무르(der Winter und Timur)〉라는 시가 그러하다. 가장 최근에 발표된 차이콥스키(Alexander Tchaikovsky)의 오페라《엘레츠 마을에 관한 전설 (The Legend about the town of Yelets)》(2011) 역시 티무르가 러시아를 침략하지 않은 것은 성녀 마리아가 그의 꿈속에 나타나 말렸기 때문이라는 내용을 담고 있다.

오늘날 유럽에서 사용하고 있는 이 '탬벌레인' 혹은 '타멀라노'라는 이름은 페르시아어로 '티무르 랑(Timur-i lang)', 즉 '절름발이 티무르'라는 말을 부정확하게 옮긴 것이다. 그가 젊었을 때 한쪽 다리에 화살을 맞아 다리를 절었기 때문에 붙은 별명이었다. 1941년 학자들이 사마르칸트의 구르 아미르에 있는 티무르의 무덤을 열어 조사하고 나서, 그가 생전에 절름발이였다는 사실을 확인한 적이 있다.

(상) 티무르 접견 장면 세밀화. 티무르박물관, 타슈켄트

(중) 자파르나마의 산악 공성전 세밀화. 티무르박물관, 타슈켄트

(하) 자파르나마의 산악 전투 세밀화. 티무르박물관, 타슈켄트

(상) 티무르 시대의 건설 세밀화. 티무르박물관, 타슈켄트
(중) 자파르나마의 사냥 세밀화. 티무르박물관, 타슈켄트
(하) 자파르나마에 있는 통치자 보이순구르 미르자의 접견 세밀화.
티무르박물관, 타슈켄트

✿ 울루그벡

울루그벡(Ulugh Beg, 1392~1449)은 중앙아시아가 새해 첫날로 삼는 3월 22일 '나브루즈(Navruz)' 날에 티무르의 둘째 아들 샤 로흐의 장남으로 태어났다. 천문학자 나시르 알딘 알투시(Nasir al-Din al-Tusi)가 건축한 마라게(Maragheh) 천문대 근처에 있는 오늘날 이란의 술타니야(Sultaniya)에서였다. 울루그벡은 젊은 시절을 할아버지 티무르와 할머니 비비하늠의 슬하에서 보냈고, 궁정 교육을 받으며 인간애와 자비, 민족애를 확립했다. 궁정에는 훌륭한 도서관이 있었고, 할아버지 티무르의 주변에는 언제나 명성 높은 학자들과 점성가들이 있었다. 그들이 궁전에 기거하며 이야기꾼으로서 할아버지 티무르에게 역사와 예술을 이야기해줄 때 울르그벡은 이를 어깨너머로 들으며 자랐다. 특히 알투시에 관한 이야기는 울루그벡이 탁월한 인물과 학자가 되는데 큰 영향을 끼쳤다.

아버지 샤 로흐는 울루그벡에게 오늘날 중앙아시아에 해당하는 서투르키스탄, 즉 마베른나흐르의 통치를 맡겼다. 샤 로흐가 수도로 삼았던 헤라트와 울루그벡이 다스린 사마르칸트는 이때 문학과 예술이 황금기를 맞았다. '티무르 제국의 르네상스'라 불릴 만큼 가장 화려한 시대였다. 울루그벡의 재위 기간은 1447~1449년에 불과했지만 그는 학자로서 과학과 문화의 발전에 커다란 공헌을 하였다. 실제 천문학 강의도 했던 그는 1422년 사마르칸트에 천문대를 세웠다. 그 천문대의 모습은 반경 40m의 사분의를 관측기기로 삼은 것이다. 높이가 40m에 이르는 거대한 천문대였다고 하지만, 현재는 원형의 10%만 남아 있다. 그는 1,018개 별의 목록을 연구하고 만들었으며, 30년 동안의 관측을 바탕으로 사마르칸트에서 수집된 별들의 운행을 기록한 천문표는 세계 최고임에 이의가 없을 것이다. 그리고 1년을 365일 6시간 10분 8초로 계산하기도 했다. 이는 오늘날의 정밀기기로 계산한 365일 6시간 9분 9.6초에서 오차가 1분도 채 되지 않으니 당시 천문학이 어느 정도 발전했는지 짐작해볼 수 있다.

그의 연구 결과는 《쿠라고니의 새로운 일주표(Ziji Jadidi Ktragoniy)》라는 책으로 집

울루그벡과 학자들의 천문 관측도. 울루그벡 마드라사, 사마르칸트

Mirzo Ulug'bek rasadxonasining maketi.
Model of Mirzo Ulughbek observatory.
Макет обсерватории Мирзо Улугбека.

울루그벡 천문대 모형. 티무르박물관, 타슈켄트

대성되었다. 모두 4권으로 구성되었으며, 제1권은 지구와 달력에 관련된 원칙들을 심층적으로 분석한 내용들이다. 제2권은 기본적으로 수학과 구형 우주에 대한 분석과 관련된 내용이고, 제3권은 천문과 관련된 부분만 분석하였으므로 이 책이 가장 본질적인 책이라고 여긴다. 여기에는 태양, 달과 5개의 거대한 행성들의 운행을 다방면에서 심층적으로 분석했다. 마지막 제4권은 2장으로 구성되었으며, 천문학과 관련된 기본적인 문제들을 연구했다. 그의 이 학술서는 당대에 이미 유명해졌으며, 천문학 발전에 세계적으로 크게 공헌했다.

울루그벡의 제자인 알리 쿠쉬치(Ali Qushchi, 1403~1474)는 1473년 《일주표》를 이스탄불로 가져왔으며, 후에 이 책은 유럽에 확산되었다. 이것이 라틴어 번역으로 출판된 이후 수 세기가 흐른 후에야 세상이 그 진가를 알아보기 시작했다. 그의 지휘 아래 터키에서도 천문대가 세워졌으며, 설계는 울루그벡 천문대의 것을 기본으로 했다. 인도에도 마찬가지로 새로운 천문대가 세워졌다. 그의 이슬람 과학기술이 서쪽으로는 유럽으로 깊숙이 전달되어 유럽의 르네상스 태동에 직접적인 영향을 끼쳤고, 동쪽으로는 중국과 조선의 역법에도 큰 영향을 주었다. 특히 조선 시대의 《회회역법(回回曆法)》이나 《칠정산외편(七政算外篇)》은 이슬람 과학이 조선의 천문학과도 상당 부분 영향을 주고받았음을 증명하는 주요한 사료다. 이처럼 울루그벡(1392~1449)의 업적과 생애는 우연이라고 하기에는 세종대왕(1397~1450)과 너무나 닮았다. 그들은 중앙아시아와 동아시아의 르네상스를 이끈 동역자였던 것이다.

사실 중앙아시아에서 과학이 체계적으로 발달하기 시작한 것은 압바스 마문(Abbas Ma'mun)에게서 비롯되었다. 9~10세기의 중앙아시아는 동방의 학자들이 모여드는 공간이었고, 이슬람 과학이 축적되다가 15세기 울루그벡 시대에 와서 황금기를 맞은 것이다. 그들에게 천문학은 일종의 생존을 위한 학문이었다. 사막을 누비는 대상(隊商)들에게 천문학은 필수였다. 고대 이집트인들과 바빌로니아인들이 확장, 발전시킨 그리스와 페르시아의 천문학 지식을 들어오면서 본격적으로 발전하기 시작했다. 이슬람 세계의 천문학은 종교 확장과 함께 비약적으로 발전하였다.

사마르칸트는 이슬람 세계의 과학, 지리학, 기하학, 수학, 철학, 의학, 교육의 중심지로 부상했으며, 특히 천문학은 큰 발전을 이루었다. 울루그벡은 사마르칸트,

이스칸다르 술탄 천궁도(Iskandar Sultan Horoscope)

이스칸다르(1384~1415)가 태어난 1384년 4월 25일의 행성 위
치를 평면구 형태로 그린 것이다. 이스칸다르는 티무르의 손자로
학문과 예술에 남다른 조예를 가졌다. 1409~1414년 사이에 이란
의 쉬라즈(Shiraz) 지역을 통치하다가 자신의 삼존인 샤 로흐에
의해 죽임을 당했다. 그가 27세가 되던 1411년에 제작된 이 천궁
도에는 당대의 천문학자들, 채색 전문가, 도금 전문가, 서예가, 공
예가, 제지 전문가 등 다양한 전문가들의 노력이 종합적으로 반
영되어 있다.

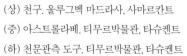

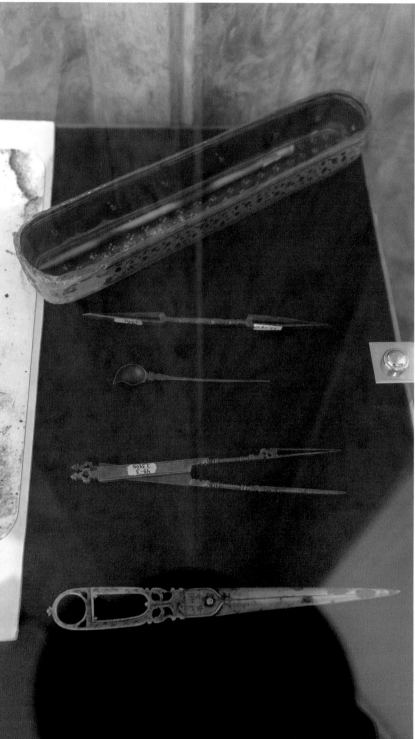

(상) 천구. 울루그벡 마드라사, 사마르칸트

(중) 아스트롤라베. 티무르박물관, 타슈켄트

(하) 천문관측 도구. 티무르박물관, 타슈켄트

천문관측 도구. 티무르박물관, 타슈켄트

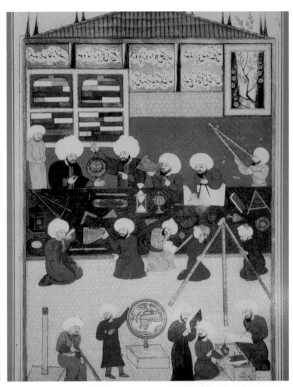

(좌상) 관측을 하는 천문학자 세밀화. 티무르박물관, 타슈켄트

(좌하) 수련하는 천문학자 세밀화. 티무르박물관, 타슈켄트

(우상) 관측하는 천문학자 세밀화. 티무르박물관, 타슈켄트

(우하) 천문관측 및 혼천의 세밀화. 티무르박물관, 타슈켄트

부하라, 기즈드본 등의 도시들에 대규모 신학교를 건축했고, 도서관과 마드라사를 건설했으며, 과학 아카데미도 설립했다. 기즈드본에 있는 신학교의 정문 장식 벽에는 선지자가 말한 다음과 같은 하디스의 구절이 있다.

남녀를 불문하고 모든 무슬림들은 지식을 습득할 의무가 있다(The duty to acquire knowledge is an obligation imposed upon every Muslim, whether male or female).

울루그벡은 즉위 2년 후인 1449년, 아들 압둘 라티프에게 살해당했다. 다시 티무르 왕가의 내분이 시작되었고, 1500년 북방에서 내려온 우즈베키스탄 유목 군단의 침략을 받고 붕괴했다. 이로써 티무르 제국은 137년 만에 공식적으로 막을 내렸다. 권력 투쟁에서 밀린 자히르 웃 딘 바부르(Zahir-ud-Din Babur)는 1526년 인도를 정복하여 무굴 제국의 황제가 되었다. 이렇게 티무르 제국의 문화와 종교, 제도 등은 고스란히 인도의 무굴 제국으로 이어졌다.

울루그벡의 죽음에 대해서는 여러 이야기가 있다. 천문학과 같은 혁신적인 연구는 무신론자들이나 하는 짓이라고 비난하는 성직자들 때문이었다는 것이다. 그러나 설득력이 없다. 천문학은 오히려 무슬림들의 오랜 관심이었기 때문이다. 그가 당한 비극의 근원은 학문적 활동 때문이 아니라 정치적인 이유였다. 그는 백성들을 위해 세제의 개혁을 단행했고, 동전 주조를 중앙에서 관리하고 통제하여 동전에 대한 신뢰도를 회복시키고 시장 경제를 살렸다. 이러한 개혁은 기득권자들의 반발을 샀고, 울루그벡은 이슬람 율법을 위반했다는 비난을 받았다. 왕위에 욕심을 가지고 있던 왕자 압둘 라티프(Abdal-Latif)는 이들과 의기투합했다. 그는 자신이 총독으로 있던 발흐에서 금납제를 무효화하면서 아버지 울루그벡을 노골적으로 적대시했다. 울루그벡은 부호들이 꾸민 음모의 희생자가 된 것이다. 그러나 울루그벡은 실제로 티무르 제국에 새로운 영혼과 기운 그리고 정신적인 힘을 불어넣었고, 마라게 천문대의 기운을 받아 천문학을 높은 수준의 학문으로 발전시켰으며, 할아버지 아미르 티무르가 초석을 놓은 위대한 티무르 왕조의 영광을 실현시켰다.

✿ 알리셰르 나보이

우즈베키스탄은 단순한 이슬람 문화권이 아니다. 실크로드의 중심에 자리 잡고 있어 다양한 문화들이 유입됐기 때문에 생각보다 복잡한 양태를 띤다. 종교적으로도 조로아스터교, 불교, 이슬람이 문화 형성에 각각 한 축을 담당하면서 독특함을 더했다. 우즈베키스탄에 이식된 문화들의 원형도 대부분 시간이 지나면서 다른 문화와 만나 변형된 형태로 재창조된 것이다. 수백 년간 유목문화를 간직한 유목민들이 받아들인 이슬람은 중동의 이슬람과 다른 형태로 발전할 수밖에 없었다. 중앙아시아에 유독 수피즘이 발전한 것도 기존의 문화와 이슬람이 만나면서 나타난 산물이라고 할 수 있다. 결과적으로 이 지역을 지배하고 자신의 문화를 이식시켰던 자들은 토착 세력의 저항을 막지 못하고 떠났지만 남은 자들은 기존의 문화를 새롭게 발전시켰다.

7세기부터 중국 변방에서 중앙아시아로 남하해 터를 잡고 살기 시작한 유목민족이 있었다. 이들을 투르크라고 한다. 이들이 자신의 국가를 세우면서 우즈베키스탄의 민족적 구성은 자연스레 투르크화되었다. 그리고 8세기 이후 이슬람화가 이루어지면서 그들의 문화적 정체성에는 크게 혼돈이 일어났다. 특히 13세기 몽골이 중앙아시아에 차가타이 칸국을 건설하면서 이 지역의 문화는 새로운 국면으로 들어갔다. 사실상 11세기 이후 페르시아와 아랍은 이 지역에 발을 붙이지 못했다. 14세기에는 몽골의 후손임을 자처한 아미르 티무르가 사마르칸트를 중심으로 국가를 세우고 페르시아와 아랍을 침략하고 지배했다. 과거와는 다른 세력 판도가 형성되었다. 그러나 이슬람 문화는 투르크어가 아닌 아랍어로 대표되고, 코란을 읽기 위해서라도 그들은 아랍어를 배워야 했다. 페르시아어 역시 아랍어 못지않게 문학이나 행정 언어로 기능해왔다. 결국 투르크어는 민중들의 생활언어로 전락하고 말았다. 어떻게 보면 아랍과 페르시아를 지배했던 몽골과 투르크계 사람들의 문화적 영향력의 한계이기도 했다. 마치 우리의 언어가 엄연히 있음에도 오랫동안 한자 문화권의 영향력에서 벗어나지 못한 것과 마찬가지다.

알리셰르 나보이 동상. 타슈켄트

천장의 글귀는 다음과 같다.

세상의 모든 사람들이여, 기억하십시오.
서로 적대시하는 것은 좋지 않은 것이니, 사이좋게 지내십시오.
이보다 더 좋은 것은 없습니다.

이때 등장한 사람이 15세기에 중앙아시아를 대표했던 작가인 알리셰르 나보이(Alisher Navoi · 1441~1501)다. 그는 30년 동안 30개의 작품을 차가타이-투르크어로 집필했다. 하위언어에 불과하다는 편견을 깨고 다수의 투르크계 백성을 위해 자신의 생활언어로 작품을 쓴 것이다. 이는 투르크어가 그 한계를 넘어 당당히 아랍어와 페르시아어에 도전할 수 있게 했다. 결과적으로 현재의 우즈베키스탄 민족이 모국어로 문학작품을 집필할 수 있는 토대가 됐다. 아랍어와 페르시아어로 된 작품을 동포들이 이해하지 못했기 때문에 투르크어로 문학작품을 써서 읽히고자 했을 것이다. 따라서 우즈베키스탄에서 나보이의 위상은 민족 문학 혹은 민족 언어의 아버지라고 할 수 있다. 사대부 언어인 한문에 매몰되지 않고 한글을 창제한 세종대왕(1397~1450)의 모습을 우리는 다시 한번 동시대의 우즈베키스탄에서 만나게 된다.

나보이는 지금의 아프가니스탄 북부에 위치하는 헤라트에서 출생했다. 티무르 왕조 전성기였던 샤 로흐 통치기에 고위관료였던 아버지 밑에서 훌륭한 교육을 받은 그는 자신도 재상까지 지낸 고위관료였다. 동시에 시인이기도 했던 그의 대표 작품은 다섯 가지 사랑 이야기로 구성된《함사(Xamsa)》다. '함사'는 아랍어에서 유래한 말로 숫자 5를 뜻하며 문학에서는 5개의 시를 의미한다. 즉 5개의 시가 하나로 연결되는 문학 양식으로 12세기 이슬람 작가들 사이에서 크게 유행했다. 첫째 시는 도덕적이고 교훈적인 내용을, 둘째에서 넷째까지는 사랑과 낭만을, 마지막 다섯째는 알렉산드로스 대왕의 전기로 마무리된다. 나보이의 대표적인 함사는 1483년에서 1485년까지 2년에 걸쳐 완성된 차가타이-투르크어 최초의 작품이다.

첫째 시는 '의로운 자들의 혼란'으로 나보이가 인생에서 겪었던 도덕·철학·생활 등에 대한 문제 제기로 이루어진다. "당신의 금고에는 수많은 재산이 있겠지요. 그러나 가장 가치가 높은 것은 바로 사람입니다." 이 문장이 작품의 메시지다. 둘째 이야기 '파르하드와 쉬린'에서는 몽골 출신 귀족 파르하드와 아르메니아의 공수 쉬린의 민속과 종교를 초월한 아름다운 사랑 이야기다. 하지만 쉬린이 다른 남성과 결혼한다는 헛소문에 절망한 파르하드가 죽고 이 소식을 들은 쉬린 역시 스스로 목숨을 끊는 비극이다. 셋째 이야기는《로미오와 줄리엣》의 모티브가 된

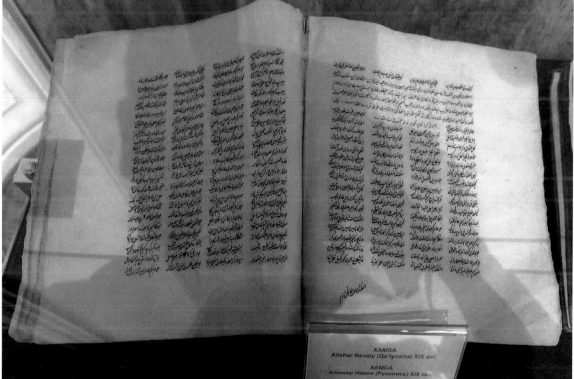

(상) 페르시아 시인 자미의 [하프 아랑] 19세기 필사본. 티무르박물관, 타슈켄트

(하) 알리셰르 나보이의 19세기 필사본. 티무르박물관, 타슈켄트

시인들과 환담하는 알리셰르 나보이 세밀화. 티무르박물관, 타슈켄트

것으로 알려진 '레일리와 메즈눈'이다. 7세기 페르시아에서 민담으로 전해 내려온 사랑 이야기로, 먼 친척 관계였던 두 사람의 사랑을 양가는 허락하지 않았다. 메즈눈은 사막으로 추방당하고, 레일리는 강제로 귀족과 결혼하게 된다. 레일리는 감당할 수 없는 상실감으로 죽게 되고, 메즈눈 역시 그녀의 무덤 앞에서 슬퍼하며 죽어간다. 사랑이라는 위대한 감정과 이성에 대한 전통적인 시각에 대한 도전이라고 할 수 있다. 네 번째 이야기는 '7개의 행성'이다. 딜로롬을 사랑하는 페르시아왕 바흐롬의 이루어질 수 없는 사랑 이야기로, 사랑하는 사람을 지키지 못해 절망한 바흐롬이 7개의 색깔로 칠해진 7개의 궁전을 만들고 이방인들에게 무료로 숙식을 제공한다. 언제나 주인공이었던 바흐롬은 이곳에서 오히려 이방인으로 살아간다. 인간의 한계가 무엇인지, 사랑의 위대함이 무엇인지 그리고 그속에서 좌절하고 절망하는 사람의 모습이 무엇인지를 보여주고 있다. 다섯 번째 이야기는 '알렉산드로스 대왕의 벽'이다. 여기서 그는 위대한 알렉산드로스 대왕의 일대기를 서술하면서 그로부터 받을 수 있는 사회적·철학적 교훈이 무엇인지 알려준다. 특히 인간과 권력의 관계를 설명하는 데 집중했다.

나보이는 개별적인 다섯 작품을 하나의 주제로 연결시켜 놓았다. 서로 다른 민족·종교·계급을 가진 다양한 사람들은 살아가면서 예상치 못한 혼란을 경험하고 좌절하고 때로는 그것을 이기지 못해 죽음을 맞기도 한다. 하지만 궁극적으로는 사람을 믿으면서 살아갈 수밖에 없고 이를 위해서는 도덕적이고 정의롭게 살아야 한다는 것이다. 나보이는 사랑이라는 감정은 위대하기 때문에 이를 민족·종교·계급이라는 잣대로 막는 것은 부당하다고 주장한다. 결국 그가 던지고 싶은 메시지는 자신의 것만 고집하지 말고 모든 것을 버리고 사람을 사람으로서 대해야만 더 좋은 세상이 온다는 믿음이 아니었을까.

제4장

삶과
문화

✿ 명절과 축제, 제사와 놀이

민속 전통이란 일반적으로 고유한 풍습을 말한다. 그러나 전통이 절대 변치 않는 화석이라는 뜻은 아니다. 시대에 따라 문화의 접변 현상을 일으키며 새로운 모습을 갖추어 가기 때문이다. 우즈베키스탄은 19세기 중반부터 20세기 말까지 러시아의 엄청난 정치·문화적 간섭과 핍박을 받으면서도 비교적 민속 전통을 잘 지켜왔다. 사라진 전통도 많지만, 내용과 형식 모두를 원형에 가깝게 보존하고 있는 전통도 적지 않다. 그 대표적인 몇 개를 소개한다.

'바이람(Bayram)'은 중앙아시아 투르크계에서는 축제라는 뜻으로 쓰인다. 바이람과 유사하지만, 기념한다는 의미로 사용되는 '또이(T'oy)'라는 단어도 있다. 출생, 할례, 생일, 성년, 결혼 등 주로 개인적인 통과의례에 공동체가 참여해 축하의 의미로 사용된다. 축제가 기원을 의미하는 '축(祝)'과 의례를 의미하는 '제(祭)'의 합성어라면, 우즈베키스탄의 경우는 기원하는 요소는 남아 있고, 의례적인 요소는 약화된 대신 유희적인 요소가 강조되었다고 할 수 있다. 그런 뜻에서, 바이람은 규모가 크고 공동체적인 반면, 또이는 규모가 작고 사적이다. 바이람이든 또이든 놀이와 풍악 그리고 음식이 반드시 동반된다. 음식을 만드는 과정이나 나누어 먹는 전통에서 생겨나는 공동체 의식과 상부상조 전통을 '하샤르(Hashar)' 정신이라고 한다.

우즈베키스탄의 전통음식인 뿔롭, 양고기, 니뽀쉬까, 섬사, 수말락과 시장에서 흔히 볼 수 있는 건과일과 견과류

우즈베키스탄 전통음식, 명절에 먹는 쁠롭, 잔치에 먹는 쁠롭

노루즈

우즈베키스탄에서 가장 규모가 큰 축제는 '바호르 바이람(Bahor Bayrami)'으로 봄맞이 축제다. 3월 중순경에 열리는 신년 축제인 '노루즈(Nowruz)'의 다른 이름이다. '새해' 혹은 '새로운 날'을 뜻하는 페르시아어이지만 지금은 이란은 물론 우즈베키스탄을 포함한 중앙아시아 전역에서 개최되는 축제다. 지역에 따라 약간씩 변형이 있을 뿐 봄맞이라는 전형적인 계절 축제로 대개 며칠씩 계속된다.

노루즈는 춘분을 전후로 행해진다. 더 정확히 말하자면 그레고리안력으로 3월 21일이다. 이 날은 조로아스터교의 창조신화와 관련이 있다. 7일 동안 우주를 창조한 유일신 아후라 마즈다(Ahura Mazda)가 창조를 마무리한 마지막 날이기 때문이다. 이 날이 되면 사람들은 집안을 청소하고, 양탄자를 말끔하게 정리 정돈하여 집안을 꽃으로 장식한다. 또 특별히 새 옷을 마련해, 친척과 동네 어른들을 방문하기도 하고, 인사를 하면 덕담과 함께 용돈도 얻을 수 있는 날이다. 그리고 죽은 이들을 위해 묘소를 참배하기도 한다. 이 날은 화해의 날이다. 언쟁을 끝내고, 부채를 탕감해 주고, 원한과 모욕을 용서하는 날이기도 하다.

노루즈의 원형이 페르시아에 있다면, 이곳 중앙아시아로 전파된 것은 언제쯤일까? 그 유명한 아프라시압(Afrasiab) 궁전에 노루즈로 추정할 수 있는 벽화가 있다. 또한 비슷한 시기에 그려진 타지키스탄의 판지켄트(Panjikent) 벽화에도 노루즈로 추정되는 그림이 있다. 이들의 제작 연대는 7세기 중반이다. 따라서 노루즈의 중앙아시아 전파는 적어도 1500년 전이었을 것이다. 조로아스터교에 뿌리를 둔 노루즈는 거센 이슬람화에도 살아남았고, 오랫동안 지속된 소비에트의 금지 정책에도 살아남았다. 노루즈는 그야말로 오랜 세월 동안 다양한 문화적 습합을 거쳐 우즈베키스탄의 민속 전통으로 자리를 잡은 경우라고 할 수 있다.

노루즈 때 빼놓을 수 없는 음식이 수말락(Sumalak)이다. 밀의 새싹을 말린 후 가루로 만들어 반죽해 오랫동안 불에 데워 조청처럼 만드는 것이다. 수말락은 '서른 명의 천사'라는 뜻으로, 생명, 풍요, 건강을 상징한다. 옛날 어느 가난한 가족이 밀 한 톨을 겨우 구해 솥에다 끓이기 시작했다. 굶주림에 지쳐 잠이 든 아이들이 잠에서 깨보니 서른 명의 천사들이 솥 가득히 달콤한 죽을 끓여 놓았다. 그들

(좌) 수말락을 만들기 위해 재배하는 밀 새싹
(우) 수말락 끓이기

은 배불리 먹고 이웃과도 나눠 먹으며 새로운 기운을 얻었다는 이야기가 전해진다. 그래서 수말락은 만드는 과정도 중요하다. 여자들이 모여 같이 만들면서 이야기꽃을 피우고, 노래하고 춤도 춘다. 마치 한국에서 여인들이 모여 김장을 담는 문화와 비슷하다.

보이순(Boysun)이라는 곳에서 벌어지는 노루즈는 매우 특별하다. 이곳의 노루즈는 '보이순 바호르 바이람(Boysun Bahor Bayrami)', 즉 '보이순의 봄 축제'라는 고유한 이름으로 불릴 정도로 전통이 특히 잘 보존되어 있다. 보이순은 사마르칸트에서 남쪽으로 약 160km 떨어진 거리에 있고, 테르메즈에서는 북쪽으로 약 106km 거리에 있다. 인구 2만 5천 정도가 살아가는 작은 시골인 이곳에는 네안데르탈인의 흔적이 발견된 테식타쉬 동굴(Teshik Tosh Cave)이 있고, 한때 산악 지역을 통과하는 실크로드 교역의 중심지였다. 이슬람의 전통은 물론이고, 그 이전의 주술 신앙, 조로아스터교, 불교 전통의 흔적까지 고스란히 보존하고 있는 민속 전통의 보고이기도 하다.

보이순

(좌) 보이순의 민간 의례

(우) 보이순 축제

쿱카리 경기

보이순에서는 축제가 있는 날에는 '박시(Baxshi)'라는 가수들이 악단과 함께 이른 아침부터 집집마다 돌며 노래를 부른다. 그들은 전통 노래를 두 줄짜리 현악기 돔브라(Dombra)로 연주하는 민속 가수이며 음유시인이기도 하다. 샤먼의 역할도 담당하는 박시가 노래할 때면 쉰 목소리가 마치 동물의 울음소리를 흉내 내는 듯이 특이하다.

비의 신을 불러와 인형을 만들어 물속에 담그는 놀이도 있다. 이는 노루즈가가진 고유한 기우제 성격을 보여준다. 가장 아름다운 여성을 선발하여 제사를 주관하도록 하는 풍습은 여신 숭배의 흔적이기도 하다. 그들은 조로아스터교에서 물의 여신으로 숭배 받는 아나히타(Anakhita)와 관련이 있을 것으로 심작되는 비비세샨바(Bibi Seshanba) 여신을 숭배한다.

씨름 경기와 말달리기 경주도 있다. 특히 쿱카리(Ko'pkari) 놀이가 인기다. 염소를 잡아 곡물로 속을 채우고 여러 날 찬물에 담가두었다가 경기장 한가운데 꺼내두면, 말을 타고 달리다 그것을 땅에서 집어 올려 목표 지점에 먼저 던져 넣는 사람이 이기는 경기다. 우승한 사람은 이 염소를 상으로 받아 마을 사람들과 나누어 먹는다. 이 경기는 주로 할례를 행한 아이들의 부모가 주최를 하는 것으로 봐서 일종의 성년식 전통에서 비롯된 것으로 보인다.

우즈베키스탄 사람들은 보이순을 성지처럼 여긴다. 그 유명한 우즈베키스탄의 민족 서사시 《알파미쉬(Alpomish)》가 바로 이곳에서 이미 천 년이 넘게 거주해 온 소수민족 쿤그라드(Kungrad)족의 이야기이며, 자신들이 바로 그 알파미쉬의 후손이라고 믿고 있다. 뿐만 아니라 우즈베키스탄의 민족시인 알리셰르 나보이(Alisher Navoiy, 1441~1501)의 대표작 가운데 하나인 《파르호드와 쉬린(Farhod va Shirin)》 역시 이곳을 배경으로 했다고 주장한다. 파르호드가 자신의 백성들에게 물을 공급하기 위해 곡괭이로 깨부순 산 중턱이 바로 케트먼촙티(Ketmonchopti) 산악 지대이며, 근처의 비비쉬린(Bibi-Shirin) 마을이 바로 쉬린 공주가 살던 곳이라는 것이다.

라마단 기간의 금식을 마치고 먹는 첫 번째 식사인 이프타르

라마단

라마단(Ramadan)은 이슬람력에 의한 30일간의 특별 금식 기간이다. 무함마드(Muhammad)가 천사 가브리엘에게서 코란의 말씀을 받았다는 아홉 번째 달을 기념하는 종교적 축제이기도 하다. 라마단이라는 단어는 '엄청난 더위'라는 뜻으로, 이슬람 이전의 태양력에서 생긴 표현이다. 이 기간은 이슬람 이전의 아랍 전통에서도 신성한 기간으로 여겼고, 전쟁조차 휴전하는 기간이다.

라마단에 단식을 하는 것은 이슬람 신앙의 다섯 기둥 가운데 하나다. 단식이 시작되면 무슬림들은 새벽부터 해가 질 때까지 먹지도 마시지도 않는다. 악사들과 광대들은 새벽이면 마을 구석구석을 돌아다니며 소리쳐서 사람들을 깨워 식사를 하라고 알린다. 하루 종일 굶어야 할 것을 대비해서 새벽에 성대한 식사를 하는데, 이를 수후르(Suhūr)라고 한다. 라마단을 종교적으로 철저히 수행하는 사람들은 물 한 모금도 마시지 않는다. 그리고 모든 일은 일상처럼 한다. 그렇게 단식을 하며 종일을 경건하게 보내다가 저녁이 되어 울리는 '아잔(Adhan)'이라는 기도 소리를 신호로 식사를 한다. 이것을 금식을 마치고 먹는 첫 번째 식사라는 의미의 '이프타르(Iftar)'라고 한다. 이후에는 춤을 추고 노래를 하기도 하는데, 이 기간에 밤과 낮을 뒤집는 것이다.

일상의 뒤집기. 라마단은 '죽음'을 '살림'으로 만들어내는 거룩한 전쟁이다. 그러니까 그들의 축제는 빛이 있어 생명의 시간이라고 할 수 있는 낮을 죽이고, 어둠이 있어 죽음의 시간이라고 할 수 있는 밤을 살려내는 일이라고 할 수 있다. 라마단은 그 자체가 축복의 기간이다. 금식은 물론이고, 그들은 성적 쾌락과 음악을 듣는 일을 삼가야 하며, 가능한 한 모든 감각적 즐거움으로부터 멀어져야만 한다. 하지만 밤에는 모든 감각적 쾌락이 합법적이 되고 낮 동안 먹지 못했던 음식을 폭식을 하기도 한다. 엄숙하면서도 즐거운 분위기, 심지어는 축제와 같은 분위기가 라마단의 특징이다.

쿠르반 하이트

'쿠르반(Kurban)'은 '희생제물'을 뜻한다. '쿠르반 바이람'으로도 불리는 이슬람 전통 희생절을 말한다. 이슬람력으로 12월 10일부터 3일 혹은 4일간, 즉 라마단이 끝나고 70일 후에 열린다. 이 역시 우즈베키스탄뿐만 아니라 중앙아시아 전체가 기념하는 종교적 명절이다.

하지만 쿠르반 하이트(Kurban Hayit)는 원래 이슬람교가 출현하기 이전부터 중동 지역에서 전해오던 희생 제의로, 구약성서를 보면 그 흔적이 생생하게 남아 있다. 쿠르반은 하나님께 바칠 특별한 종류의 성별(聖別)된 제물을 가리키며, 한글 성경에는 '고르반'으로 번역되어 있다. 「창세기」 22장에는 아브라함이 늦은 나이에 얻은 외아들 이삭을 희생제물로 바치는 장면이 나온다. 마지막 순간에 천사가 개입해 이삭은 극적으로 목숨을 건지고 대신에 덤불 속의 숫양이 제물로 바쳐지

세밀화, 티무르박물관, 타슈켄트.

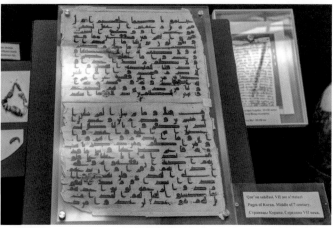

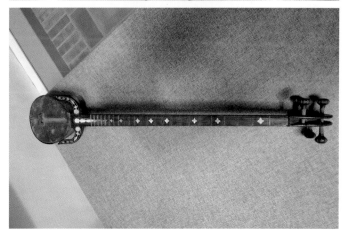

(위부터 아래로)
· 오스만본 코란. 코란 박물관, 타슈켄트
· 7세기 중반 코란 일부. 국립역사박물관, 타슈켄트
· 1905년 상트-페테르부르크판 코란. 국립역사박물관, 타슈켄트
· 현악기 두토르. 히바 구시가지, 히바

는 내용이 나온다. 하지만 이슬람에서는 이를 두고 아브라함이 하나님께 제물로 바치려던 아들은 유대인의 혈통인 이삭이 아니라 아랍인의 혈통인 이스마엘이었다고 믿는다. 따라서 쿠르반 하이트는 그들의 종교적·민족적 정체성을 되새기는 매우 중요하고 의미 있는 날이라고 할 수 있다.

보통 쿠르반 하이트 전 9일 동안은 라마단 기간처럼 금식을 권장한다. 이때의 금식은 과거에 지었던 죄를 용서받을 수 있는 소중한 기회다. 쿠르반 하이트 전날에는 볶음밥류의 오쉬나 달콤한 간식거리를 만들어서 가까운 사람들이나 이웃, 친척들에게 나누어주기도 한다. 그리고 당일에는 동이 튼 후 기도를 하고, 신에게 바칠 제물을 준비한다. 일반적으로 양을 많이 잡는데, 희생양(犧牲羊)이라는 단어가 여기서 나왔다. 잡은 가축의 고기는 삼등분하여 한 부분은 자신과 자신의 가족을 위해서, 다른 한 부분은 가까운 이웃과 친척들을 위해서, 그리고 마지막 한 부분은 도움이 필요한 가난한 사람들에게 나누어준다.

쿠르반 하이트에 해야 하는 중요한 의무 가운데 하나는 주변 사람들에게 선행을 베푸는 일이다. 그래서 이날은 양고기나 닭고기로 음식을 많이 해서 친척들과 이웃을 불러 대접하는 풍습이 있다. 사람들은 하루 종일 이집 저집 다니면서 인사를 하고 음식을 나눈다. 형제자매나 친척, 이웃 사이에 관계가 좋지 않거나 멀어졌던 사람이 있으면 이날 서로를 찾아 화해하고 관계를 회복하기도 한다.

✿ 통과의례, 요람에서 무덤까지

요람 잔치

요람 잔치(Beshik To'yi)는 아기가 태어난 지 보통 7일이나 9일 혹은 11일째 열린다. 이날이 되면 모든 친척, 친구, 이웃들을 다 불러 모으다 보니 작은 마을인 경우 동네잔치가 되기 일쑤다. 초대받은 손님들은 아기의 순수하고 깨끗함을 지킨다는 뜻에서 자신의 얼굴에 흰 밀가루를 바르기도 한다. 잔치는 음악과 함께 하루 종일 진행되지만, 집안의 경제 사정에 따라 규모는 달라진다.

'베식(Beshik)'이라고 부르는 요람을 할아버지가 오른쪽 어깨에 메고 나타나면 잔치는 시작된다. 베식은 일반적인 요람과는 조금 다르게 생겼다. 안쪽에 구멍이 하나 뚫려 있고 거기에 작은 그릇이 놓여 있어 아기가 여기에 오줌을 눌 수 있도록 자그마한 튜브가 연결되어 있다. 베식에는 다리도 달려 있어, 마치 흔들의자처럼 우는 아이를 달래는 데 안성맞춤이다. 할아버지가가 아기 아빠의 오른쪽 어깨로 베식을 전해 주면, 아빠는 다시 엄마에게 전달한다.

베식 안에 머리맡과 발밑에 거울, 빗, 손수건, 숫돌, 칼, 빵, 양파 등을 넣어두는 풍습도 있다. 이것들이 아기를 악마로부터 보호해주는 역할을 한다고 믿어서다. 아이의 삶이 달콤하기를 기원하는 뜻에서 캔디나 설탕 같은 것들을 선물하기도 하고, 옷가지나 장난감을 탁자 보에 가득 싸서 선물하기도 한다. 한편, 유목민들 사이에서는 채찍이나 말을 타는 데 사용하는 도구를 넣어두기도 한다.

엄마가 아기를 데리고 들어오면 먼저 목욕을 시킨다. 물을 깨끗이 한다는 뜻으로 목욕통에는 은전 몇 닢을 넣기도 한다. 목욕이 끝나면 여인들 가운데 가장 연장자가 아기에게 첫 배내옷을 입혀 들어 올린다. 아기를 어떻게 눕히는 게 좋을지 엄마에게 묻고는 이리저리 방향을 재다가 드디어 아기를 바로 눕히는데, 일종의 밀고 당기는 놀이인 셈이다. 엄마가 입는 전통 복장은 집안에 따라서 몇 세대에 걸쳐 전해진 것일 때도 있다. 가족 대대로 연결된다는 전통의 연속을 상징한

전통 요람 베식

다. 촛불을 들고 베식 주위를 돌며 악귀를 쫓아내는 제스처를 취하기도 하고, 호두 껍데기 깨트리는 소리로 악귀가 가까이 오지 못하게 하기도 한다. 또 '악마의 눈'으로 악귀가 아기를 넘보지 못하도록 하기도 한다. 이때 엄마는 직접 가사를 붙인 자장가를 악기 소리에 맞춰 부른다. 요람에 눕히기 위해 준비된 특별한 노래도 있는데, 'Yor-yor', 'Olan', 'Beshik To'yingiz Muborak Bo'lsin', 'Beshik Allasi', 'Alla' 같은 것들이다.

지역에 따라 다르기는 해도, 세심하게 준비하여 격식을 갖추는 경우도 있다. 침구나 베게 같은 것들을 일일이 소개하고, 이를 만든 침모에게 감사하거나 아기의 귀에다 대고 축복의 말을 속삭이기도 하고, 이름을 정해주는 의식도 있다. 첫 목소리 들려주기, 첫 단어 들려주기, 첫걸음 걷게 하기, 아기의 발에 묶여 있던 것 풀어주기, 한쪽 귀를 살짝 물어주기 그리고 집안끼리 아기들을 약혼시키는 의례를 할 때도 있다.

할례

할례(Sunnat To'yi)는 우즈베키스탄만이 가진 특수한 전통은 아니다. 유대교의 할례가 성경에서 약속의 징표로 여겨지는 것과는 달리, 코란에서는 특별한 언급이 없기 때문에 이슬람의 전통은 아니다. 고대 근동의 전통이 이슬람의 관습이나 행위규범인 '순나(Sunnah)'의 일부로 받아들여졌다. 우즈베키스탄에서는 남성 할례만 행해지며, 보통 3~4세 때 이루어진다.

할례는 크든 작든 반드시 잔치가 겸해지기 때문에 사적인 행위가 아니라 공동체의 행사가 된다. 전통적인 할례는 하루 전날 양을 잡아 제물로 바치는 것으로부터 시작된다. 이때 양의 피는 부정을 방지하기 위해 사방으로 뿌려지고, 고기는 다음 날 손님 접대용으로 준비된다. 잔치는 새벽부터 벌어지는데, 남자들만을 위한 새벽 축하 모임이 시작이다. 인근 마할라(마을의 단위) 사람들은 물론이고, 타지에 사는 친척들까지 참여하다 보니 그 인원이 100여 명을 넘기도 한다. 이들에게는 기름에 볶은 밥인 쁠롭을 비롯하여 갖가지 풍성하게 차려진 잔치상이 제공된다.

날이 밝으면 주인공 아이는 참석자들로부터 축복기도를 받은 후 친구들과 함께 마차(때로는 자가용)를 타고 마을을 순회하며 할례 소식을 전한다. 아이는 흰 모자를 쓰고 화려한 조끼에 흰색 와이셔츠 그리고 굵은 허리띠를 갖춘 통 넓은 바지를 입고 특이하게 생긴 장화를 신어 한껏 멋을 부린다. 화려하게 장식된 마차 뒤로 악대가 따르며, 떠들썩하게 풍악을 울린다. 마을 사람들은 밖으로 나와 아이에게 과자나 장난감을 선물한다. 이 순회가 끝나면 마을 공동체의 지도자인 물라(Mulla)를 초빙해 할례를 거행한다. 물라는 아이를 축복한 후 넓은 쿠션 위에 깨끗한 흰 천을 여러 겹으로 깐 후 할례를 실시한다. 이때 아이가 우는 것을 달래기 위해 입에 삶은 계란을 물리기도 한다. 할례가 끝난 후 잘린 표피는 불에 태워 없앤다. 사람들이 아이에게 여러 가지 선물을 하지만, 특히 아이를 많이 낳은 여성이 침구에 담요와 베개를 집어넣기도 한다.

하지만 요즘 신식 교육을 받은 부모들은 아이의 감염을 우려하여 병원에서 의사에게 할례를 받게 한다. 이런 경우에도 의식 절차는 대부분 거행하고, 물라가

할례. 1872년

축복을 내리는 절차도 다르지 않다. 여유가 없어서 손님 대접을 못하는 부모라도 할례 때만은 아이에게 새 옷을 입히고 방을 장난감과 과자로 가득 채워준다. 의식이 끝나면 사람들은 안뜰에 큰 불을 피우고 춤을 추며 다양한 게임을 즐기는데, 때에 따라서 다음 날까지 잔치가 이어지기도 한다. 우즈베키스탄의 사람들은 할례를 받지 않으면 '손이 더러운 사람', 즉 악에서 벗어나지 못한 사람으로 여긴다. 따라서 할례는 그들에게 새로운 탄생을 의미하며, 당당한 무슬림으로 인정받기 위해 반드시 거쳐야만 하는 통과의례인 것이다.

위대한 유산 우즈베키스탄

혼례

우즈베키스탄의 혼례(Nikoh To'yi)는 거의 서구화되었다. 그래서 신랑은 양복과 넥타이, 신부는 웨딩드레스를 입지만, 혼례 자체는 여러 단계의 전통적 의례가 여전히 지켜지고 있다. 기본적으로 중매, 약혼, 혼인의 공표, 혼인 잔치 등 크게 네 단계로 나누어진다.

요즘 젊은이들은 연애결혼을 많이 하지만, 우즈베키스탄에서는 여전히 중매 결혼이 압도적이다. 연애가 성공적으로 이루어진다 하더라도 중매쟁이의 참여는 형식적으로나마 필수적이다. 중매(Sovchilik)는 기본적으로 신랑 측이 주도한다. 중매쟁이는 당사자보다 주로 어머니와 대화한다. "딸을 택하려면 어머니를 보면 안 다"는 말이 우리에게만 해당되는 건 아닌 모양이다. 양가 부모들이 인사를 나누는 사이에 당사자들은 맞선을 보게 된다. 사실 이 맞선이라는 것도 요즘 생긴 풍속이지 과거에는 결혼식이 있을 때까지 서로 얼굴을 볼 수가 없었다. 이들이 서로 좋다는 합의에 이르면, 신부 측은 신랑 측에서 보내온 음식과 선물 보따리를 받는 것으로 성사가 된다.

약혼은 '논 신드르시(Non Sindirish)'라고 한다. 이 말은 원래 '빵 나누기'라는 뜻이다. 둥글 넙적한 빵 파티르(Patir)를 나누는 일은 서로가 사돈 관계를 맺기로 합의하고 약혼을 한다는 뜻이다. 잔치는 신붓집에서 열리는데, 양측은 서로를 위한 선물을 준비한다. 문지방에는 흰 천을 깔아 예의를 표한다. 손님들이 모이면 가장 연장자인 여인이 기도를 함으로써 잔치가 시작된다. 음식을 나눈 후에는 남자들이 자리를 피해 여성들의 마당이 되도록 해준다. 여성들은 두 젊은이에 대한 덕담과 주로 결혼 날짜에 대한 이야기를 나눈다. 신랑 측에서 가져온 선물이 공개되면, 신부 측에서도 준비한 답례의 선물을 건넨다. 그리고 신부의 어머니가 신랑의 어머니에게 스카프를 씌워주면 모든 것이 끝난다. 우즈베키스탄에서는 혼사라는 것이 여전히 당사자의 일이 아니고 부모의 일이며, 특히 여성이 주도하는 일임을 알 수 있다.

혼인의 선포(Fotiha To'yi)는 양측 어른들이 참여한 자리에서 이루어진다. 이 역시 신붓집에서 치러지기 때문에 신랑 측에서는 잔치 음식의 재료가 되는 양을 잡고,

많은 선물을 전달한다. 약혼식과는 달리 선포는 남성들에 의해 이루어진다. 음식을 나누고 담소를 나누지만, 실제로 중요한 것은 받은 선물을 공개하고 감사하는 일이다. 그런 다음 남성은 남성들대로, 여성은 여성들대로 권위 있는 연장자가 대표 기도를 함으로써 혼인이 선포된다. 잔치를 끝내고 돌아가는 신랑 측 가족들에게는 특별히 마자르(Mazar)라는 음식이 한 보따리씩 주어진다. 먹을거리뿐만 아니라 주전자, 찻잔, 컵, 냅킨, 방석에 이르기까지 손님상을 차리는 데 필요한 거의 모든 것이 선물로 주어지는데, 이는 신랑이 친구들을 모아놓고 벌이는 그날 밤의 파티를 위한 것이다.

혼인 잔치(Nikoh T'oyi)는 결혼식 전날부터 시작된다. 그래서 결혼식 전날을 아예 '마자르 먹는 날(Mazar Yedi)'이라고 부르기도 한다. 보수적인 우즈베키스탄 사회에서도 이날만은 일탈이 허용되기 때문에 신랑과 그 친구들은 그야말로 '광란의 밤'을 보낸다. 일종의 '총각파티'와 비슷하다고 할 수 있지만, 다른 점이 있다면 집안 어른들이 함께 참여한다는 것이다. '처녀들의 파티'도 벌어진다. 하지만, 다음날 결혼식 준비에 쫓기는 신부는 아무래도 총각들의 그것과는 비교할 수가 없다. 새벽이 되면 악단이 나서서 동네가 떠나가도록 나팔을 불고 북을 쳐 사람들을 깨운다. 동네 어른들이 몰려오면 아침식사를 하며 조상들을 추모하고 혼인을 축하하는 '새벽의 오시(Nahor Oshi)'라는 연회가 열린다.

이제 신랑은 이들을 뒤로 하고 신부를 데려오기 위해, 혹은 탈취하기 위해 신붓집을 향해 떠난다. 그를 따르는 친구들은 나팔을 불고 북을 치며 마치 전쟁터에 나가는 듯 요란하고 기세가 등등하다. 신붓집에는 어느새 집 앞의 골목 어귀부터 흰 천을 깔아두었다. '다른 세상'임을 알리는 것이다. '다른 세상'으로 신부를 얻으러 들어가는 신랑은 긴장한다. 신부 측의 가족들은 그리 달갑지 않게 맞이하지만, 친구들은 마치 점령군처럼 와글거리며 신붓집의 마당을 장악한다. 난장판을 벌이는 친구들에게 신부 측에서는 음식을 대접하고 달랜다. 신랑과 신부는 전통 복장으로 차려입고 각각 증인과 함께 문을 사이에 두고 안팎으로 앉는다. 신랑이 신부를 얻기 위해 처갓집을 찾아와 머리를 조아리는 모습이다. 이맘(Imom)은 신랑과 마주한 채로 혼인의 신성함과 신랑과 신부가 지켜야 할 의무에 대해 말하며 혼인 서약을 받는다. 신부는 문 뒤에 숨어 소위 '얼굴 가리기'를 함으로써 '다른 세상'에 머물러 있음을 상징적으로 표현한다. 그런 신부를 두고 신랑은 나머지 절차를 끝내기 위해 떠날 수밖에 없다. 신부는 아직 '이 세상'에 오지 않았기 때문이다. 그러나 요즘은 등기소에 가서 혼인신고를 하는 절차가 있어서 신랑 신부가 자동차를 타고 빵빵거리며 시내를 한 바퀴 돌기도 한다. 친구들은 그 뒤를 따르며 함께 동네를 시끄럽게 한다. 전통과 근대의 묘한 동거다.

신부는 떠나야만 하는 마지막 순간이 되면 두 눈이 빨개지도록 울고 있다. 어머니와 자매들도 마찬가지다. 신랑이 예를 갖추고 집 안으로 들어서지만 신부의 들러리들은 너울을 쓰고 다소곳이 앉아 있는 신부를 쉽게 내놓지 않는다. 신랑은 준비해 간 꽃을 신부에게 바친다. 그러나 그것으로 부족하다. 들러리들에게도 스카프 선물한다. 기쁘면서도 슬픈 이 순간에 여인들은 신부를 위하여 노래를 부른다. '요르-요르(Yor-Yor)'라는 민요인데, 떠나 보내는 가족들의 애절한 마음과 여인의 한을 담은 노래다.

혼수가 신부와 함께 신랑집 앞에 도착하면 이제 신랑과 신부가 '다른 세계'로부터 '새로운 세계'로의 이동하게 된다. 역시 대문에서부터 천이 길게 깔려 있다. 그러나 신부 측의 친척들인 호위병들의 방해로 신부는 쉽사리 건너 갈 수가 없다. 신랑 측에서는 호위병들에게 선물을 하고 음식도 대접하며 협상을 시도한다. 한참이나 실랑이가 끝나지 않으면 신랑 측의 호위병들이 그들을 무력(?)으로 진압한다. 그리고 신랑이 등장해 신부를 업고 데리고 오면 환호와 박수가 터진다. 집안 빼곡히 모여 그들을 환영하는 손님들을 헤집고 방 안으로 들어가면 신랑이 신부의 너울을 벗기고 식구들에게 두루 인사를 한다. 마침내 '얼굴 열기'다.

얼굴 열기는 이제 신부를 신랑집에서 새로운 식구로 맞는다는 뜻이다. 집안 어른들은 덕담과 함께 신부에게 선물을 전한다. 그리고 드디어 첫날밤의 합방이 이루어진다. 이 합방 의식에는 매우 중요한 절차가 남아 있다. 신랑 신부는 새벽이 되면 자신들이 깔고 잤던 요를 창밖에 걸어 놓아야 한다. 요에 남은 혈흔을 내보임으로써 신부가 처녀였음을 확인하는 절차다. 이를 확인하면, 이 기쁜 소식이 신붓집에 전해지고, 신붓집에서는 다시 음식을 잔뜩 장만해서 신랑 측에 보내 축하함으로써 결혼식은 마무리가 된다.

전통 결혼식 예복

현대 결혼식

(상) 명소를 방문하는 신랑신부와 하객들. 사마르칸트

(하) 야외촬영하는 신랑신부. 히바

장례

장례(Motam Marosimi)는 죽은 자의 눈을 감기는 것으로 시작된다. 발은 가지런히 모으고 양쪽 엄지발가락을 서로 묶는다. 그리고 시신을 깨끗이 닦는데, 남자의 경우는 남자가, 여자의 경우는 여자가 각각 담당한다. 수의는 흰색 무명천이고, 시신 앞에서는 주로 여성들이 곡을 한다. 무덤은 일단 시신을 내려놓을 수 있는 공간이 마련되고, 실제로 묻을 구덩이는 따로 준비가 된다. 죽은 자의 식구들과 친척들은 차판(Chopon)이라는 전통 복장을 입고, 도삐(Do'ppi)라는 전통 모자를 쓰고 참여한다. 그리고 좋은 나뭇가지로 마련한 지팡이를 들고 와서 무덤이 여기저기에 꽂는다. 장례가 진행되는 동안 여성들은 묘지에 가지 않는다. 남자들만 죽은 자와 영원한 이별을 할 수 있기 때문이다.

비록 낯선 사람이라 할지라도 장례 행렬이 지나가면 최소한 일곱 발자국은 따른다. 그래야 액운을 피할 수 있다고 믿어서다. 매장이 끝나면 공동체 마을 마할라의 지도자인 물라는 죽은 자를 위해 기도하고, 남은 자들에게 "이 사람은 어떤 사람이었습니까?"라고 묻는다. 사람들은 "에덴동산으로 돌아갈 자격이 있을 만큼 선한 사람이었습니다"라고 대답한다. 이는 만약 죽은 자가 남긴 빚이 있다면 그것을 탕감하겠다는 표시이기도 하다.

죽은 자의 가족들은 3일 동안 손님을 맞는다. 죽은 자의 옷을 집안에 걸어놓고 집안에서 음식을 만들지 않는다. 이웃과 친척들이 대신한다. 장례는 죽고 나서 7일, 20일, 40일, 365일 후에 각각 특별한 예식이 이어진다. 죽은 후 40일 혹은 1년 후에는 손님들을 위해 뺄롭을 마련해 대접한다. 삶이 선행을 하도록 주어진 기회라면, 죽음도 영혼이 남아서 선행을 계속 해야 하는 시간인 것이다.

죽음의 소식을 접하면 사람들은 가장 슬픈 노래인 '아이팀(Aytim)'을 부르게 된다. 이 노래는 특별히 그와 가장 가까웠던 사람이나 슬픔이 가장 큰 사람이 부르는 게 보통이다. 시신을 정화시킨다고 믿는 노래 '이기(Yig'i)'는 보통 장례일 첫째 날, 셋째 날, 일곱 째 날에 부른다. '이기'가 주로 슬픔을 노래한다면, '요클러브(Yo'qlov)' 는 죽은 자와 남은 자들을 위로할 목적이 더 강하다. 이 노래는 죽은 자의 영이 다른 영의 세계로 합류해서 이제 다시는 돌아오지 않을 것임을 확인하는 것이다.

공동묘지. 사마르칸트

귀족 영묘. 사마르칸트

전통문화

카타 아슐라

'큰 노래'라는 뜻을 가진 '카타 아슐라(Katta Ashula)'는 페르가나(Fergana) 계곡에 정착한 타지크족·위구르족·투르크족 등 소수민족들이 만들어 낸 전통 노래의 한 유형이다. 페르가나 계곡은 오늘날 페르가나, 안디잔, 나망간, 타슈켄트의 일부를 포함하는 지역이다. 카타 아슐라의 흔적은 키르기즈스탄의 오슈(Osh), 타지키스탄의 레니노보드(Leninobod) 그리고 카자흐스탄의 침켄트(Chimkent)와 잠불(Jambul) 지역에도 남아 있다.

카타 아슐라는 공연 예술, 노래, 악기, 시조 그리고 성스런 의식까지 결합된 독특한 장르다. 내용은 사랑 이야기부터 우주와 자연의 철학과 신학적 개념에 이르기까지 그 폭이 넓다. 따라서 카타 아슐라는 하나가 아니다. 연주 방식에 따라 이름도 여럿이다. 쟁반을 들고 부르는 '파트니스 아슐라(Patnis Ashula)', 접시를 들고 부르는 '리코브차 아슐라(Likobcha Ashula)', 웅장한 '카타 아슐라(Katta Ashula)', 큰 노래 '카타 얄라(Katta Yalla)', 거친 노래 '요브보이 아슐라(Yovvoyi Ashula)' 혹은 '요브보이 마콤(Yovvoyi Maqom)' 그리고 진정한 노래 '하코니 아슐라(Haqqoniy Ashula)' 등이다.

카타 아슐라는 코피즈(Khofiz)라 불리는 2명에서 5명의 가수가 개방된 장소에서 악기의 반주 없이 낭송하듯 노래를 한다. 즉흥적 연행 방식으로 자유롭게 노래하므로 표현을 뚜렷이 해야 한다. 이런 장르는 여러 세대를 거치면서 고된 수련을 통해 스승이 제자에게 구전으로 전승되었다. 연주하는 가수들은 가사 속의 단어가 지닌 의미를 전달할 수 있어야 하고, 넓은 음역으로 음악적 감수성을 잘 표현할 수 있는 힘찬 음성을 지녀야 한다. 특히 절정 부분에 해당하는 높은 음역대는 고도이 발성 기술이 필요하다.

전통춤을 추는 여성들과 축제를 즐기는 여성들. 히바

전통 공연. 히바

(좌상·우) 전통 공연. 사마르칸트(©조미경)

(좌하) 전통 공연. 타슈켄트(©안상호)

카타 아슐라

카타 아슐라의 예술적 형식은 대부분 서정시에 속한다. 그래서 내용이 우즈베키스탄의 고전 시인들이라고 할 수 있는 나보이(Navoiy), 마쉬랍(Mashrab), 아미리(Amiri), 나시미(Nasimi), 하지니(Hazini), 무키미(Muqimiy), 푸르카트(Furqat), 자브키(Zavqiy) 등의 시에서도 인용된다. 또한 자신들의 정체성을 담은 내용이라면 현대 시에서도 차용해 구전되도록 한다. 따라서 우즈베키스탄의 음악, 민속 시, 전통 노래 등 모든 형태의 무형 문화유산은 카타 아슐라와 관련 있다고 해도 과언이 아니다.

샤쉬마콤

　'샤쉬마콤(Shashmaqom)'은 보컬과 기악, 멜로디와 리듬에 관용구와 시로 된 가사가 있는 6개의 곡(Maqom)이라는 뜻으로, 음악과 시와 무용 형식의 장르적 특성을 한꺼번에 갖춘 종합예술이다. 가창자가 솔로 또는 그룹으로 류트, 바이올린 류의 현악기, 틀북(Frame-drum), 플루트 등으로 구성된 악단과 함께 연행한다. 연주는 보통 기악으로 시작하며, 뒤이어 주요 가창 부분인 나스르(Nasr)를 노래한다.

　이 전통 민속 음악은 마베른나흐르, 즉 트랜스옥시아나 지역에서 유래했으며, 그 기원은 이슬람 이전 시기로 음악 이론과 가사 그리고 수학과 수피즘의 영향을 받으면서 지속적으로 발전해왔다. 고대 페르시아, 아랍, 투르크 문화가 복합적으로 얽혀 있는 이 음악은 남쪽의 아프가니스탄과 투르키스탄 동쪽, 중국의 위구르족의 음악 문화와도 연결되어 있다. 목축을 하는 유목민들의 음악 전통에 포함되는 투르크메니스탄 남쪽 지역도 마찬가지다. 따라서 샤쉬마콤은 이들의 정신적 가치를 대변하고 있다.

　샤쉬마콤의 역사적·정신적 중심지는 부하라라고 할 수 있다. 9세기와 10세기에는 마콤의 체계가 크게 발전하면서 많은 음악 학교가 생겨났다. 특히 타슈켄트, 페르가나, 호레즘 지역에 전승되어 각 지역에서 나름대로의 특성을 갖추게 되었다. 민간 음악에서 민속 선율을 차용하거나 제례 음악의 선율을 차용하여 재구성되기도 했다. 그러나 샤쉬마콤은 현대적 기보(記譜) 방식으로는 채록에 한계가 있어, 결국 스승에게서 제자에게로 구전 전승이 가능할 뿐이다. 이렇게 전승되어 오던 샤쉬마콤의 음악 형식은 18세기에 체계화되었고, 19세기에 이르러서야 가사 수집이 이루어지기 시작했다. 이 모음집이 바로《쿨리얏 카와카비(Kawakabi Collection)》이다.

　샤쉬마콤은 고대 페르시아의 음악적 요소들을 기반으로 다스트가(Dastgah)라는 순환 음악 형식을 기반으로 하지만, 지역에 따라 용어는 조금씩 다르다. 터키는 마캄(Makam), 이란은 다스트가(Dastgah), 아제르바이잔은 무감(Mugham), 중국 신장은 무캄(Muqam) 또는 무카무(Mukamu)라고 한다. 자유로운 리듬으로 노래했던 고대 선율들이 고스란히 남아 있어 박자가 매우 특이하지만 아주 체계적이다. 부분적으로는 당나라(618~907) 때 연주되던 대곡(大曲) 형식의 음악과 거의 유사해 보인다. 그 구성은 한국의 궁중 음악과 연희 음악으로 제례 의식, 연희 또는 결혼식 등에서 연주되던 정악과 비슷하다고 할 수 있다. 영산회상, 종묘제례악, 봉래의에 나타나는 모음곡 형식과도 비교해볼 만하다. 특히 수피즘과 관련된 노래와 춤은 한국의 무속 춤 또는 '강강술래'와 같은 군무를 연상케 한다. 호레즘의 춤곡 우화르(Ufar)는 한국의 굿거리장단과 유사한 6/8박자를 사용하는 것이 특징이다. 주로 3박자 계통의 음악과 혼합 박자 또는 엇모리장단을 많이 사용하는 것으로 보인다.

20세기 들어 마콤은 소비에트에 의해 구시대의 잔재라는 이유로 탄압을 받았다. 그러나 전승된 샤쉬마콤은 오히려 민족 문화에 활력을 주었고, 1991년에 우즈베키스탄이 독립 국가가 된 이후에는 샤쉬마콤을 보호하기 위해 많은 조치가 이루어졌다. 그럼에도 불구하고 전승은 점점 희미해져 가고 있으며, 몇 명 남지 않은 명인들도 대부분 사망했다.

아스키야, 재치의 예술

'아스키야(Askiya)'는 특정한 주제에 관하여 2인 이상의 등장인물이 열띤 토론을 벌이면서 서로의 재담을 뽐내는 대화만담이다. 아스키야는 오늘날 우즈베키스탄의 안디잔, 나망간 지역을 비롯한 페르가나(Fergana) 계곡 및 타슈켄트 지역에서 형성되어 폭넓게 확산되어있다. 아스키야는 대략 4~8명의 그룹으로 구성되어 있으며, 드물기는 하지만 지자흐(Jizzakh), 사마르칸트, 나보이, 부하라, 카슈카다리야, 수르한다리야 지역에서도 연행되고 있다.

아스키야의 연행자들은 주로 남성인데, 무엇보다 우즈베키스탄어가 지닌 언어적 특성을 완전히 통달한 사람들이다. 뿐만 아니라 재미와 해학을 섞어 재빠르고 능숙하게 자신의 대사를 즉흥적으로 생각해내고 지어내는 능력을 갖췄다. 그들은 일상생활을 날카롭게 관찰하여 중요한 이슈들을 집중적으로 부각시킨다. 따라서 그들은 일상에도 밝아야 하지만, 철저한 사고의 훈련을 통해 다양한 의견이나 질문에 대해서 즉흥적이면서도 의미 있는 답을 내놓을 수 있어야 한다. 또한 신체 언어를 효과적으로 사용하는 재능도 발휘할 수 있어야 한다. 아스키야는 익살스럽게 진행되지만, 내용은 사회적으로 의미 있는 경향이나 사건 등에 대한 고민을 담고 있다. 따라서 연행자와 관중들 사이에서 소통의 매개가 되어 궁극적으로는 정체성을 확인하고 결속을 강화하는 역할을 한다.

이러한 전통은 개인이나 단체, 공동체 사이에서 전통적인 스승-도제 방식인 우스토즈-쇼기르드(Ustoz-Shogird)라는 방식으로 구전으로 전수되고 있다. 그 전승은 공동체와 집단, 개인들에 의하여 끊임없이 재창조되는데, 이는 구성원들에게서 해학을 끌어내어 상호 의사소통을 도모하는 도구이기도 하다. 아스키야는 나이와 사회적인 배경을 불문하고 다양한 집단의 사람들을 공동의 관심사 하나로 엮어 주는데, 사람들의 세계관, 염원, 예술적 요구를 반영하기도 하며, 현재의 상황을 반영하고 구현한다는 점에서 중요하다. 아울러 해학을 통해 남에 대한 배려를 가르치고 일상생활에서의 단점과 고쳐야 할 점을 지적함으로써 교육적인 성격을 띠기도 한다.

아스키야는 주로 명절이나 축제, 가족 행사, 모임 등에서 연행되는데, 그 종류가 30종이 넘고 저마다 특색을 가지고 있다. 전문인들이 등장하는 경우도 있지만, 아마추어들의 공연도 그 나름대로 고유한 특성을 볼 수 있어 크게는 '일상용 아스키야'와 '사흐나비(공연용) 아스키야'로 나눌 수 있다. 연행자들은 '아스키야치(Askiyachi)' 또는 '아스키야보즈(Askiyaboz)'라고 불린다. 그들은 대개 인생에서 많은 경험을 쌓은 중년 또는 노령의 남성들이며, 아스키야 전통에 대해 완전히 통달한 사람들이다. 여성의 아스키야도 인기가 높지만, 요즘 들어 매우 희귀해졌다.

민족 서사시 《알파미시》

모든 민족에게는 민족 고유의 위업을 이루어낸 영웅이 있다. 그들은 건국이나 민족의 통합, 국가의 시조 등의 역할을 하며, 민족의 독자성과 고유성 그리고 가치와 자부심을 대변하기도 한다. 중앙아시아 투르크 민족의 대표적인 영웅 서사시 가운데 하나인 《알파미시(Alpamysh)》는 유라시아 전역에 퍼져 있다. 우즈베키스탄에서 구연되는 《알파미시》는 그 시작이 10~11세기로 추측되고, 그 후 14세기 초에서 15세기 말 사이에 그 내용과 구조가 완성되었을 것으로 짐작된다. 《알파미시》는 우즈베키스탄 민족 정체성의 형성과정에서 생겨난 민족 탄생신화라고 할 수 있있다. 다양한 지역에서 각기 다른 민족어로 독자적인 판본이 존재하는 것으로 봐서 서사시의 전파가 중앙아시아 지역 유목민족의 해체와 통합에 큰 역할을 했을 것으로 짐작된다. 그 주제와 서사는 그들에게 위협적 존재가 되었던 몽골족 칼미크의 침략과 관계가 있으며, 줄거리는 다음과 같다.

> 콘그라트라는 나라에 살던 더번비는 아들 알핀비를 낳았고, 그는 다시 두 아들 바이부리와 바이사리를 낳았다. 이들은 나이가 들도록 자손을 얻지 못해 마을 사람들에게 무시를 당했다. 성자의 집으로 가서 40일 동안 기도를 드린 바이부리는 마침내 쌍둥이를 낳았는데, 하킴벡이라는 아들과 칼디르카라는 딸이었다. 바이사리도 바르친이라는 딸을 낳았다. 사촌 간인 하킴벡과 바르친은 약혼을 했다. 하킴벡은 일곱 살에 할아버지 알핀비가 남긴 무거운 활을 들어 아스카르 산을 쏘아 명중시키고는 영웅을 뜻하는 '알파미시'라는 이름을 얻었다.
>
> 얼마 후 콘그라트의 왕인 바이부리는 보이순 지역을 통치하고 있던 동생 바이사리에게 세금을 요구했고, 이에 분노한 바이사리는 가족과 부족민을 이끌고 칼미크 땅으로 이주해 버렸다. 그러나 칼미크의 용사들이 그의 딸 바르친에게 청혼을 하면서 문제가 생겼다. 그녀는 이미 알파미시와 약혼한 사이였기 때문이다. 바르친은 이들에게 6개월의 시간을 얻은 뒤 알파미시에게 이 사실을 알렸다. 알파미시는 이들을 구하기 위해 칼미크 땅으로 찾아갔다. 바

르친은 말 경주, 활쏘기, 과녁 맞추기 그리고 레슬링 경기를 공표한 뒤 경기의 승자와 결혼하겠다고 했다. 결국 알파미시가 승자가 되어 두 사람은 결혼해 콘그라트로 돌아올 수 있었다. 하지만 혼자 남게 된 바이사리는 칼미크왕의 횡포에 재산을 몰수당한 후 양치기로 전락하고 말았다. 알파미시는 작은 삼촌이자 장인인 바이사리를 구하기 위해 다시 칼미크로 떠났다.

하지만 칼미크에 살던 어느 노파가 자기 아들들이 알파미시 때문에 죽었다며 원수를 갚으려고 계략을 꾸몄다. 계략에 빠진 알파미시는 지하 감옥에 갇혔다. 콘그라트에서는 알파미시가 없는 틈을 타 이복동생이 왕위를 차지하고 바르친과 혼례를 치르려 했다. 그런데 알파미시를 사랑하게 된 칼미크 왕의 딸이 그의 탈출을 도왔다. 그녀는 알파미시의 옷자락을 잘라 준마(駿馬)에게 전해 알파미시의 냄새를 익히게 했다. 알파미시의 냄새를 맡은 말은 쇠사슬을 끊고 지하 감옥으로 달려와 긴 꼬리를 늘어뜨려 그를 구했다. 7년 만에 탈출한 알파미시는 칼미크에 남아 있던 바이사리와 부족민들을 구해 콘크라트로 돌아왔다. 목동으로 변장해 결혼식에 참석한 그는 이복동생과 활쏘기시합을 해 그를 물리친 뒤 다시 바르친을 차지하게 된다.

영웅에게는 민족적 과업을 완수해야 하는 사명이 있기 때문에 초월적인 기운과 능력을 가지고 태어난다. 그러므로 영웅은 출생 과정부터 범인과는 다르며, 하늘과 교감하는 신통력을 가지고 있다. 대부분의 영웅은 혈통적으로는 고귀하지만 불행하고 결핍된 상황에서 태어나 위기를 극복하고 통과의례를 겪은 후에야 과업을 완수하게 된다. 그러나 알파미시의 경우는 이러한 결핍이나 불행한 출생모티프가 보이지 않는다는 점이 특이하다. 버림받는 기아(棄兒)의 모티브도 보이지 않는다. 다만 영웅을 신비화하며 완성시켜 주는 신성한 능력은 모두 하늘 숭배사상이나 이슬람이라는 종교적 초월적 힘을 빌어 표현되고 있다. 말이나 늑대 토템 그리고 조상숭배 사상이 그 예다. 활쏘기 모티프에는 태양숭배 사상이 담겨 있다. 이는 서사시가 형성된 동시대 사람들의 삶과 의식을 반영하는 것이다.

이 이야기는 여러 형태의 판본으로 채록되었지만, 사실은 민중들에 의해 노래로 구전되었다. 그 구연자(口演者)를 '박시(Baxsi)'라고 부른다. 앞서 보이순의 노루

전통 악기 연주. 누로타

샤먼의 역할을 하는 박시. 사마르칸트

즈 축제에서 만났던 그 박시이다. 박시가 고대에는 '샤먼'이었다는 사실에 주목
해야 한다. 샤먼의 자격으로 의식이나 의례 등을 주관했으며 점을 치거나 병마
와 악귀를 쫓아내는 역할도 했다. 하지만 그들이 샤먼으로서의 역할과 기능을 상
실하고, 온전히 구연자로서의 역할만을 담당하게 된 것은 이슬람의 전파로 말미
암아 민간신앙이 세력을 잃게 된 것이 상관있을 것이다. 그들은 지역마다 계보가
있어 개별적으로 스승으로부터 창법을 전수받은 후 자신만의 고유한 독창성을
발휘해 구연한다. 때로는 에피소드를 첨가하기도 하고, 분량을 늘이거나 줄이기
도 하지만 주제나 주인공은 변화가 없다. 그들이 구연할 때는 고유한 민속악기로
반주를 한다.

인형, 모자, 악기, 접시, 카펫 등 전통 공예품

시압 바자르. 사마르칸트

✤ 고려 사람들

타슈켄트 고려인들의 역사는 19세기 중엽으로 거슬러 올라간다. 러시아, 중국, 일본 등 주변 강대국들 간의 잦은 대립과 전쟁의 소용돌이 속에서 이루어진 집단 이주와 관계가 있다. 집단 이주는 구한말의 사회적 혼란과 절대 빈곤 속에서 우선 한반도의 북부 주민들이 러시아의 연해주 지역으로 이주하면서 시작되었다. 대개는 자신의 의지와는 무관한 일이었다. 1910년 일제의 강제병합은 독립운동가, 지식인들이 항일 독립운동을 위해 연해주 지역으로 대거 유입되어 한인사회를 형성하게 했다. 그러다 1930년대 동아시아 지역에서 일본 제국주의의 팽창 전략은 극동 지역 한인들에게 비극적인 삶의 씨앗을 제공했다. 즉 1931년 만주사변과 1932년 만주국 건설 그리고 1937년 중·일 전쟁으로 인해 동아시아 지역에서 전쟁의 확대 가능성이 높아지자 소련 정부는 불순하고 의심스러운, 그래서 예방적 조치가 필요한 민족 집단에 대해 강제이주라는 방법을 사용한 것이다.

스탈린의 중앙아시아 강제이주는 매우 치밀한 계획하에 이루어졌다. 당시 소비에트 행정기관, 붉은 군대 등에서 일하는 한인 지도자 2,500여 명이 숙청되었다. 그런 다음 1937년 8월 21일 연해주 지역의 고려인들은 중앙아시아 지역으로 강제 이송되었다. 극동 지역에서 중앙아시아에로의 강제이주는 시베리아횡단 철로를 이용하여 약 30~40일이 걸리는 화물 열차로 이루어졌다. 한인들은 블라디보스토크, 라즈돌노예, 우수리스크, 하바롭스크, 이르쿠츠크, 크라스노야르스크, 노보시비르스크를 거쳐 중앙아시아 지역으로 전입하였으며, 가장 먼저 내린 곳이 카자흐스탄의 우슈토베였다. 이러한 강제이주 과정이 두 차례에 걸쳐 이루어졌고, 그중 16,272가구 76,525명이 우즈베키스탄으로 강제이주 당했다. 타슈켄트주 7,861가구(37,321명), 사마르칸트주 1,940가구(9,147명), 페르가나주 823가구(2,804명), 나망간주 314가구(1,526명), 안디잔주 829가구(3541명), 부하라주 243가구(972명)가 이주 기록으로 남아 있다.

(상) 1937년 우즈베키스탄의 고려인 여성들

(하) 우슈토베의 고려인 초기 정착지를 알리는 비석. 서울대학교 아시아연구소 중앙아시아센터

강제이주 과정에서 고려인들의 희생은 컸다. 정확한 수치는 알 수 없지만, 열차 안에서 배고픔 또는 유행병으로 상당수의 어린이들과 노인들이 숨졌다. 생존자 중 1935~1938년생이 아주 드문 것은 바로 강제이주의 후유증 때문이다. 하바롭스크 근방에서는 열차 전복사고로 많은 이들이 죽었다. 한 달여 정도 기차를 타고 마침내 도착한 새 정착지에서도 고통은 계속되었다. 우즈베키스탄에 강제이주 된 고려인은 타슈켄트 지역에 정착하였고, 일부는 볼가강 유역의 아스트라한 지역에 정착하기도 했다. 고려인들이 이곳에 도착했을 때는 겨울의 길목에 있었거나 늦게는 12월이었다. 자치주 설립은 아예 꿈도 꿀 수 없었던 그들은 건조한 반사막 지대와 갈대밭 지역에 짐을 풀었다. 그렇게 그들은 학력과 경력, 희망 사항과는 관계없이 고된 육체노동 현장에 투입됐다. 토굴, 마구간, 돼지우리, 창고, 옛 감옥 등이 임시거처로 사용됐다.

고려인들은 정치적 탄압과 차별대우에서 벗어날 수 없었다. 공식적으로는 '행정적 이주민'이었으나 거주이탈 자유를 박탈당했고, 공민증도 회수 당했다. 도주를 방지하기 위해 철도에서 먼 곳으로 이주됐고, 효율적인 관리를 위해 정착지 고려인 수를 1,000가구 밑으로 제한했다. 그리고 비밀경찰의 엄중한 통제로 죄수 아닌 죄수 생활을 해야 했다. 그러나 정착의 기반을 채 마련하기도 전에 또 다른 큰 시련에 부딪혔다. 1941년에 시작된 소련과 독일과의 전쟁으로 고려인들은 노동군으로 징집되어 군수자원과 전쟁 물자를 생산하는 후방에서 혹독한 고통과 죽음을 넘나드는 고초를 겪어야 했다. 이 같은 생활은 스탈린이 사망한 1953년까지 16년간 이어졌다. 가혹한 통제는 끝났지만 고려인은 정착할 수 없었다. 자유여행이 허용된 후 고려인들은 러시아와 우크라이나, 벨라루스 등으로 빠져나갔다.

이러한 비극적인 상황에도 불구하고 그들은 우수한 민족성을 바탕으로 새로운 땅을 개척했다. 강제이주 당시 가져온 볍씨 등 농작물 씨앗으로 수자원을 이용한 벼농사에 성공하였고, '콜호스(kolkhoz)'라는 집단농장을 성공적으로 운영, 정착시키면서 '사회주의 노력영웅' 칭호를 받은 고려인들도 등장했다. 예컨대 '우즈베키스탄의 전설'이라고 일컬어지는 김병화(金炳華, 1905~1974) 옹 같은 사람이다. 그는 우즈베키스탄에서 '농사는 이렇게 하는 것'이란 영농으로 명성을 떨친 인물이다. 타슈켄트 시내에서 자동차로 30분 거리에 위치한 백치미르의 '김병화 농

우즈베키스탄의 영웅 김병화

장'은 소련 붕괴 이후 거의 대부분 농장이 나라별, 지역별로 이름을 바꾸었지만 이곳은 지금도 그 이름을 지키고 있다. 농장 앞의 거리도 '김병화 거리'로 불렸다. 하지만 지금은 '이중사회주의로력영웅'이라고 새겨진 그의 동상만이 당시의 화려했던 시절을 전할 뿐이며 농장 인근 그의 기념관도 사실상 폐쇄된 상태다. 그의 기념관에는 그의 초상화와 '이 땅에서 나는 새로운 조국을 찾았다'는 문구가 내걸려 있다. 그에게 새로운 조국이란 아마도 구소련이었을 것이다.

그러나 김병화 콜호즈보다 더 명성을 날린 치르치크구의 황만금(黃萬金, 1919~1997) 회장이 운영해온 폴리타젤 콜호즈를 비롯해 우즈베키스탄 고려인 역사에서 비중 있게 다루어져야 할 콜호즈들은 많다. 이처럼 제2차 세계대전 이후

황만금. 세계민족문화대전

소비에트 농업 엘리트들이 대거 등장하면서 우즈베키스탄에서 고려인의 사회적 위상은 급속히 향상되기 시작했다. 오늘날 해외 한인들은 고국이 아닌 세계 170여 개 국가에서 살아가고 있는데, 그중 고려인의 이주는 가장 오래된 역사를 가지고 있다.

1991년 소련 붕괴 후 민족주의 바람이 불면서 10만 명의 고려인이 유랑의 길을 떠났다. 우크라이나, 남부 러시아, 북캅카스 지역이 새로운 생활권역이었다. 그러다 2000년대부터는 우리나라로 취업 행렬이 이어지고 있다. 고려인 사회는 1991년 1월 1일 한글신문 〈레닌기치〉의 제호를 〈고려일보〉로 바꿨다. 소련인으로 살면서 조선민주주의인민공화국에 심정적으로 동조, '조선'이라는 용어를 자연스럽게 사용하던 고려인들이 민족 이름에서 '한국'과 '조선'을 동시에 배제한 것이다. 분단된 조국은 지금도 고려인들의 정체성에 고민과 혼란을 주고 있다. 현재 러시아와 우즈베키스탄에 거주하고 있는 고려인들은 각 17만여 명 정도로 추산되고 있다.

오늘날 고려인의 정체성을 특정하기는 어렵다. 개인마다 차이가 있기 때문이다. 한국어를 전혀 구사하지 못하고 러시아어를 모국어로 삼으면서도, 자신이 고려인이라는 자각을 하고 있는 젊은이들이 많다. 여권에 민족명을 표기하기 때문이기도 하지만, 설이나 추석 명절에는 조상들에게 제사를 지내고 한국 음식을 만들어 먹는 등 그들의 내적 정체성은 여전히 한국인이다. 시장에 가면 고려인 반찬 가게를 쉽게 만날 수 있다. 식재료를 구하기가 어려워 지금의 한국 요리와는 많이 달라졌지만, 진하게 밴 한국의 냄새는 다르지 않다.

하지만 우즈베키스탄인들이 자신의 모국어를 찾기 위해 노력하는 데 비해 고려인들은 러시아어로 만족하는 경우가 많다. 결국 그들에게 우즈베키스탄어는 모국어가 아니고, 러시아어로 생활하는 데 불편함이 없을 만큼 러시아 문화에 동화되었기 때문이다. 언어적으로 보자면, 고려인들은 한국인도 아니고 우즈베키

시장의 고려인 반찬 가게

스탄인도 아니다. 우즈베키스탄에서 러시아어를 구사하며 살아가는 한국계 이방인이라고 해야 할 것이다. 하지만, 많은 고려인 젊은이들은 한국을 '할아버지의 나라' 정도로 여기며 일자리를 찾아서, 혹은 유학으로 오고 있다. 글로벌 시대의 해외 한민족 고려인들, 우즈베키스탄에 가면 반갑게 만날 수 있다.

파밀리아 구르바노아 상인. 시압 바자르, 사마르칸트

상인. 시압 바자르, 사마르칸트

벡터쉬 밴 운전사. 사마르칸트

아바스 택시 운전사. 사마르칸트

무함마드 상인. 초르수 시장, 타슈켄트

상점. 쉐르도르 마드라사, 사마르칸트

아흐마둘라 물라(율법 학자). 마흐두미 아잡 기념 단지, 사마르칸트

신도들. 알렉산드로스 요새, 누로타

신도들. 마흐두미 아잡 기념 단지, 사마르칸트

우물가 사람들. 선지자 다니엘 영묘, 사마르칸트

기도하는 신도들. 주마 모스크, 타슈켄트

카랴멧 관리인. 사이드 알라우딘 영묘, 히바

유물 촬영자. 국립역사박물관, 타슈켄트

공사 노동자와 보수 중인 구르 아미르. 사마르칸트

파루흐 아빠와 아들. 구르 아미르, 사마르칸트

학생들. 쉐르도르 마드라사, 사마르칸트

관광객. 비비하늠 모스크, 사마르칸트

관광객. 샤흐진다 앙상블, 사마르칸트

관광객. 하자티 이맘 모스크, 타슈켄트

참고문헌

- 고마츠 히사오 (2005). 『중앙유라시아의 역사』, 이평래 옮김, 소나무
- 국립중앙박물관 (2009). 『동서문명의 십자로 우즈베키스탄의 고대문화』, 비에이디자인
- 김규현 (2013). 『대당서역기』, 글로벌콘텐츠
- 김성완 (2016). 「Chapter 02. 우즈베키스탄의 언어와 민족」, 『우즈베키스탄을 가다』, 계명대학교 실크로드중앙아시아연구원. 48-85.
- 김중순 (2016). 「Chapter 04. 우즈베키스탄의 민속 전통」, 『우즈베키스탄을 가다』, 계명대학교 실크로드중앙아시아연구원. 114-160.
- ____ (2016). 「Chapter 04. 검은 모자의 땅 카라칼팍스탄」, 『우즈베키스탄: 도시, 문화를 품다』, 계명대학교 실크로드중앙아시아연구원. 132-165.
- ____ (2016). 「Chapter 09. 우즈베키스탄의 종교문화」, 『우즈베키스탄을 가다』, 계명대학교 실크로드중앙아시아연구원. 338-373.
- 류성룡 (2016). 「Chapter 02. 중앙아시아 이슬람 건축」, 『우즈베키스탄: 도시, 문화를 품다』, 계명대학교 실크로드중앙아시아연구원. 48-103.
- 박기수 (2008). 「우즈베키스탄 실크로드 문화유적을 찾아서: 타슈켄트, 부하라편」, 『인문콘텐츠』 11.
- 박기수 (2008). 「우즈베키스탄 실크로드 문화유적을 찾아서: 사마르칸트, 히바편」, 『인문콘텐츠』 12.
- 박삼옥·권석만 편저 (2007). 「제2장. 실크로드와 사회주의 제국의 편린들: 2006년 우즈베키스탄 여행기」(정근식), 『한국사회과학자들의 눈으로 본 옛날의 실크로드 오늘의 우즈베키스탄』, 서울대학교출판부.
- 박상남 (2010). 『현대중앙아시아』, 한신대학교 출판부
- 베리디무로도프, 암리딘 (2015). 『사마르칸트 역사로부터의 물방울들』, 유지영 역. 도서출판 에드넷
- 신윤영 (2014). 『통합과 갈등의 장으로서 혼례: 독립 이후 우즈베키스탄 안디잔 지역의 사례』, 석사학위논문. 서울대학교.
- 오일환 이준태 (2014). 「우즈베키스탄 역사도시의 문화관광자원 경관분석에 대한 연구」, 『한국사진지리학회지』 제24권 제1호 통권 47호, 135-152.
- 우덕찬 (2003). 「6~7세기 고구려와 중앙아시아 교섭에 관한 연구」, 『한국중동학회논집』 제24집 2호, 한국중동학회, 237-252
- 이난아 (2016). 「Chapter 03. 생태 건축적 측면에서 실크로드 도시 비교」, 『우즈베키스탄: 도시, 문화를 품다』, 계명대학교 실크로드중앙아시아연구원. 104-131.
- ____ (2016). 「Chapter 10. 우즈베키스탄의 문학의 이해」, 『우즈베키스탄을 가다』, 계명대학교 실크로드중앙아시아연구원. 374-407.

- 이복규 (2012). 『중앙아시아 고려인의 생애담 연구』, 서울: 지식과교양.
- 이승희 (2020). 「사마르칸트 아프라시압 벽화, 그리고 한반도와 소그드의 교류」, 『숭실사학』 44, 189~221.
- 이종국 (2016). 「Chapter 01. 사마르칸트의 건축」, 『우즈베키스탄: 도시, 문화를 품다』, 계명대학교 실크로드중앙아시아연구원. 12-47.
- 이지영 (2013). 「우즈베키스탄 카라테파 불교사원의 성격: 한-우 공동발굴조사 성과를 중심으로」 『경주사학』 제38집.
- 이지은 (2016). 「Chapter 08. 과거와 현재의 조우」, 『우즈베키스탄: 도시, 문화를 품다』, 계명대학교 실크로드중앙아시아연구원. 270-295.
- 이희수 (2016). 「Chapter 08. 우즈베키스탄의 역사와 문화」, 『우즈베키스탄을 가다』, 계명대학교 실크로드중앙아시아연구원. 290-337.
- 장준희 (2004). 『중앙아시아, 대륙의 오아시스를 찾아서』, 청아출판사
- _____ (2010). 「중앙아시아의 전통축제 '나브루즈' 고찰」 『비교민속학』 12, 149-186
- _____ (2012). 『문명의 실크로드를 걷다』, 청아출판사
- 전대완 (2016). 「Chapter 01. 우즈베키스탄의 자연환경」, 『우즈베키스탄을 가다』, 계명대학교 실크로드중앙아시아연구원. 16-47.
- 홍순희 (2016). 「Chapter 05. 역사와 문명의 도시 사마르칸트의 문학적 변용」, 『우즈베키스탄: 도시, 문화를 품다』, 계명대학교 실크로드중앙아시아연구원. 166-206
- 홍원식 (2016). 「Chapter 07. 우즈베키스탄의 불교」, 『우즈베키스탄: 도시, 문화를 품다』, 계명대학교 실크로드중앙아시아연구원. 240-269.

Salim T S Al-Hassani(2006). *1001 Inventions: Muslim Heritage in Our World*. Foundation for Science Technology and Civilisation.

V.N. Yagodin & A.V.G. Betts(2004): *Ancient Khorezm*, UNESCO.

Michelle Negus Cleary(2013): *Khorezmian Walled Sites of the 7th Century BC -4th Century AD: Urban Settlements ? Elite Strongholds ? Mobile Centres ?*, Iran, https://www.researchgate.net/publication/267506331.

Karakalpakstan https://global.britannica.com/place/Karakalpakstan

Karakalpakstan https://en.wikipedia.org/wiki/Karakalpakstan

Khvarizem http://wwwheritageinstitute.com/zoroastrianism/khvarizem/page2htm

Sogdians https://sogdians.si.edu/introduction/

Zoroastrianism http://www.heritageinstitute.com/zoroastrianism/index.htm

집필

김중순　계명대학교 명예교수
실크로드 중앙아시아연구원장 겸 *Acta Via Serica* 편집장
독일 짜알란트 국립대학 철학박사, 종교학 전공

사진

박창모　계명대학교 대외홍보팀, 사진기록연구소 운영위원
출판(사진집 5권, 사진자료집 4권), 전시(개인전 3회, 단체전 29회)

계명대학교 실크로드 중앙아시아연구원 총서 22-1

위대한 유산 우즈베키스탄
Legacy of Uzbekistan

—

초판 1쇄 인쇄 · 2022. 12. 10.
초판 1쇄 발행 · 2022. 12. 15.

—

지은이　　계명대학교 실크로드 중앙아시아연구원
제작자　　계명대학교
발행인　　이상용
발행처　　청아출판사
출판등록　1979. 11. 13. 제9-84호
주소　　　경기도 파주시 회동길 363-15
대표전화　031-955-6031　　팩스　031-955-6036
전자우편　chungabook@naver.com

—

ISBN 978-89-368-1221-8　03900

—

* 이 책은 〈실크로드 중앙아시아 인문루트 조성사업〉을 위한 경상북도의 지원으로 출판되었습니다.

* 이 책에 사용된 사진 중 저작권자를 찾지 못한 일부 사진에 대해서는 저작권자가 확인되는 대로
　계약을 맺고 절차에 따라 저작권을 해결하겠습니다.

—

값은 뒤표지에 있습니다.
잘못된 책은 구입한 서점에서 바꾸어 드립니다.
본 도서에 대한 문의사항은 이메일을 통해 주십시오.